Michael Fink

Wut – Starke Gefühle erleben

40 Kita-Projektideen zu 5 Bilderbüchern

NiKoLo

BELTZ

Heinz Janisch / Manuela Olten
Wenn Lisa wütend ist
Beltz & Gelberg in der Verlagsgruppe Beltz, Weinheim Basel
30 Seiten, 12,95 Euro
ISBN: 978-3-407-82064-8

Jutta Bauer
Schreimutter
Beltz & Gelberg in der Verlagsgruppe Beltz, Weinheim Basel
36 Seiten, 12,90 Euro
ISBN: 978-3-407-79264-8

Kathrin Schärer
So war das! Nein, so! Nein, so!
Beltz & Gelberg in der Verlagsgruppe Beltz, Weinheim Basel
32 Seiten, 5,95 Euro
ISBN: 978-3-407-76089-0

Agnès de Lestrade / Guillaume Plantevin / Tobias Scheffel
Die Geschichte vom Elefanten …
Beltz & Gelberg in der Verlagsgruppe Beltz, Weinheim Basel
40 Seiten, 12,95 Euro
ISBN: 978-3-407-79547-2

Ole Könnecke
Der große böse Bill
Beltz & Gelberg in der Verlagsgruppe Beltz, Weinheim Basel
32 Seiten, 5,95 Euro
ISBN: 978-3-407-76058-6

Werderstr. 10 · 69469 Weinheim
www.beltz.de

Lektorat: Larissa Schönknecht
Satz: Lina Oberdorfer
Gestaltungskonzept: Atelier Bea Klenk, Bea Klenk / Sabine Riesinger
Druck und Bindung: Firmengruppe APPL, sellier druck, Freising
Umschlag: Foto © 2015 Marlen Mauermann
Illustrationen © 2015 Manuela Olten
Innenfotos: © Marlen Mauermann, © Michael Fink
Autorenfoto Umschlagrückseite: © Barbara Dietl

Printed in Germany

ISBN 978-3-407-72742-8

Liebe Leserin, lieber Leser,

Kitas sind Orte der Begegnung und zugleich Erfahrungsräume. Sie ermöglichen Kindern, in der Auseinandersetzung mit sich und anderen ihre Potenziale zu entfalten: Kreativität und Fantasie zu entwickeln, Erfahrungen und Wissen zu sammeln, Vorlieben und Abneigungen zu entdecken – sich Weltwissen anzueignen. In Ihrer täglichen Arbeit begleiten Sie die Kinder ein Stück auf diesem Weg des Entdeckens, indem Sie ihnen Erfahrungen ermöglichen, die an ihre Lebenswelt anknüpfen. Und wie kann das besser gelingen als mit Geschichten und Figuren, die die Kinder bewegen und zum Fragenstellen anregen? In Bilderbüchern erfahren Kinder von kleinen und großen Dingen, erleben Fantastisches und Realistisches, Nachdenkliches und Lustiges – sie entdecken die Welt mit Bilderbüchern.

Die Kinder können durch Projekte und Angebote, die sich auf Bilderbücher und ihre starken Charaktere beziehen, eigenaktiv und mit allen Sinnen die Welt erschließen. Indem die Kinder malen, bauen, basteln, forschen, sich bewegen, Fragen stellen und Antworten finden, ihre Kita und ihre Umwelt entdecken, lernen sie ganzheitlich mit allen Sinnen. Mit diesem Projektheft möchten wir Sie bei Ihrer Arbeit unterstützen. Die Projektideen und Angebote knüpfen immer wieder an die Bilderbücher »Wenn Lisa wütend ist«, »Der große böse Bill«, »Die Geschichte vom Elefanten«, »Schreimutter« und »So war das! Nein so! Nein so!« an und ermöglichen Ihnen, ausgehend von der Geschichte mit den Kindern Zugänge zum starken Gefühl Wut zu erleben und kennen zu lernen. Die Ideen sind schnell und einfach umzusetzen, sodass auf dringliche aktuelle Fragen und Situationen Bezug genommen werden kann.

Zum Aufbau des Projektheftes

In einem einleitenden Kapitel erhalten Sie eine kurze Einführung in den Themenschwerpunkt »Wut«. In den darauffolgenden Projektkapiteln finden Sie zu den Bilderbüchern »Wenn Lisa wütend ist«, »Der große böse Bill«, »Die Geschichte vom Elefanten«, »Schreimutter« und »So war das! Nein so! Nein so!« kreative Projektideen und Angebote, die ohne großen Zeit- und Materialaufwand durchgeführt werden können. Zu jeder Projektidee erfahren Sie auf einen Blick, welche pädagogischen Ziele Sie mit dem jeweiligen Projekt erreichen können, für welches Alter und wie viele Kinder sich die Projektideen eignen, wie lange die Vorbereitung und die Durchführung des Projektes dauern und welche Materialien Sie benötigen. Tippkästen geben Ihnen weitere Anregungen für die Umsetzung in der Praxis. Die Zeitangaben können nur ungefähre Angaben sein, denn letztendlich kommt es darauf an, wie viele Kinder an dem Projekt teilnehmen und wie viel Zeit Ihnen im Tagesverlauf zur Verfügung steht. Ebenso können die Altersangaben nur Anhaltspunkte sein, denn Sie kennen Ihre Kinder am besten und wissen, über wie viel Vorerfahrung die Kinder beim Spielen, Bauen und Sich-Bewegen verfügen.

Greif in die Wut-Box!

Ziele
- Feinmotorik trainieren
- Spannungen abbauen
- eigene Gefühlslagen verstehen und darauf Einfluss nehmen können

Alter
4 bis 6 Jahre

Gruppengröße
EA

Dauer
20 Minuten

Materialien
- große Menge an Papierresten
- 2 Pappkartons
- evtl. Klopapier-Innenrollen
- Schere
- Temperafarbe, Pinsel

Die Gruppengrößen werden unterschieden nach:

- EA = Einzelarbeit
- KG = Kleingruppen, also 2 bis 10 Kinder
- GG = Großgruppen, also 10 und mehr Kinder

Auf den Seiten 62 und 63 finden Sie eine Übersicht der einzelnen Projekte, in der die Ziele nochmals genannt werden und in der Sie auf einen Blick sehen, welche Bildungsbereiche die Ideen und Angebote noch fördern. Möchten Sie sich tiefergehend mit den Themen der Hefte beschäftigen, finden sie auf Seite 64 weiterführende Literatur.

Nun wünschen wir Ihnen viel Vergnügen beim Lesen dieses Heftes und bei der Durchführung in Ihrer Kita!

WUT GEHÖRT ZU UNS

»Wenn der große böse Bill die Kinder beim Seilspringen sah, kam er gelaufen und rief: ›Schluss mit dem Gehopse!‹«

Zitat aus: Der große böse Bill

Wenn wir an kleine Kinder denken, stellen wir uns am liebsten rosige, freundlich die Umgebung betrachtende Säuglinge vor, vielleicht mit einem ersten Lächeln. Oder Kindergartenkinder, die Hand in Hand mit Eltern ganz einig durch die Gegend wandern, neugierig im Kindergarten Dinge untersuchen oder auf niedliche Weise miteinander spielen. Das Bild von Kindheit aus Perspektive der Gesellschaft scheint von aufmerksamen, niedlichen Kindern geprägt zu sein, deren Gesichter dem Kindchenschema entsprechen: Die muss man einfach lieb haben. Umso mehr scheint es unserer Gesellschaft Probleme zu bereiten, wenn Kinder mal nicht nett und niedlich sind, sondern im Gegenteil widerspenstig, fordernd oder gar aggressiv auftreten. Bestimmt kennen Sie diese typische Frage vieler junger Eltern: Hat unser Kind nur »ein Böckchen« oder zeigt sich hinter manchem Tobsuchtsanfall ein schwieriger Charakter, wie er in den vor einigen Jahren boomenden »Tyrannen«-Büchern beschrieben wird? Hat man durch zu viel Verwöhnen das Baby bereits zum »Schreikind« erzogen, das vielleicht eine ungute Karriere zum »verhaltensauffälligen« Grundschüler vor sich hat?

Die Beispiele deuten darauf hin: Es fällt unserer Gesellschaft bisweilen ziemlich schwer, die »dunkle Seite« der Kinder, nämlich trotziges, egoistisches, wütendes Verhalten, als das zu akzeptieren, was es zweifellos ist: normales Verhalten von jemandem, der die entscheidenden Lernschritte in puncto Emotionalität noch vor sich hat. Wut gehört zum Menschen in bestimmten Momenten und in bestimmter Intensität einfach dazu, sie ist ein genauso wenig unterdrückbares Gefühl wie Freude, Glück und Trauer.

Es kommt darauf an, wie man mit der Wut umgeht. Das ist das Thema dieses Projektheftes und der darin behandelten Kinderbücher. Einerseits müssen Kinder lernen, mit ihrer Wut auf sozial verträgliche und letztendlich für sie selbst produktive Art umzugehen. Andererseits müssen erwachsene Betreuungspersonen von Kindern beherzigen, der Wut der Kinder respektvoll zu begegnen: Sie dürfen durch Toben, Schimpfen und Trampeln nicht den Blick auf das eigentliche, damit Bedürftigkeit aufzeigende Kind verlieren. Sie müssen verstehen, dass ein Kind in seiner Wut nicht sein »wahres Ich« als Despot zeigt, sondern höchstens seinen Bedarf, mit all den schwierigen Momenten im Leben besser klarkommen zu wollen. Wut zeigt genau wie Fehler Lernchancen auf: Ich brauche Hilfe, um mit einer Sache besser klarkommen zu können. Weil die »Despoten« und »Tyrannen« in den letzten Jahren so viel Aufmerksamkeit bekamen, ist vielleicht das Gegenmodell etwas aus dem Fokus geraten: Kinder, die sich nicht trauen, ihrer Wut freien Lauf zu lassen. Das mag niemanden stören – aber für das Kind ist es psychisch ungesund. Beschäftigen wir uns in Kindertageseinrichtungen mit Wut, darf es nicht nur darum gehen, allzu ungünstigem Ausleben von Wut etwas entgegenzuhalten, sondern wir müssen auch die stillen, allzu vernünftigen Kinder dazu befähigen, ihre Wut kraftvoll und vollständig herauslassen zu können. Ohne Wut geht es nicht.

Meilensteine der emotionalen Entwicklung des Kindes im Kindergartenalter

Von ihren Gefühlen werden Kinder in den ersten Lebensjahren noch förmlich überfallen. Ein- oder Zweijährige können ihren Wutanfall schon deswegen nicht zügeln, weil sie diesen als genauso überraschend erleben wie plötzliche Verhaltensänderungen ihrer Umgebung: Auf einmal bricht da ein ungutes Gefühl über sie herein.

Erst um das dritte Lebensjahr herum beginnen Kinder, Emotionen lesen zu können: Sie verstehen beispielsweise, dass eine bestimmte Mimik nicht zwingend mit den dahinterstehenden Gefühlen in Einklang stehen muss. Diese Erkenntnis kann angewendet werden – in zunächst eher durchschaubarer Weise – wenn Trotz durch einen überdeutlichen Schmollmund zum Ausdruck gebracht wird.

Zum Emotionsverständnis gehören viele Einsichten: Die Gefühlsveränderungen anderer Menschen ergeben sich nicht immer aufgrund einfacher, beobachtbarer Vorgänge (einer haut, der andere weint), sondern können auch im Verborgenen ablaufen (plötzlich ist Mimi traurig, und keiner weiß, warum). Kinder im Alter von drei Jahren finden es hochinteressant – und ihnen hilft es, wenn Erwachsene mit ihnen viel darüber sprechen, welche Ursachen von ihnen beobachtete Verhaltensweisen haben: »Der ist wütend, weil …« Noch lange nicht ausgereift ist dabei die Empathiefähigkeit, mit deren Hilfe Kinder den Gefühlen des anderen durch das Schlüpfen in dessen Rolle näherkommen. Dreijährigen gelingt das meist nur, indem sie eigene Erlebnisse auf andere übertragen – mit sprachlicher Hilfe durch Größere: »Hanna weint, weil ihr das Förmchen weggenommen wurde. Weißt du noch, wie du geweint hast, als dir das passiert ist?«

Vier- oder Fünfjährige sind beim Nachfühlen der Emotionen eines anderen Kindes sicherer. Mit dem

gleichzeitigen Wachsen der Fähigkeit zur Emotionsregulation kann ihnen das Aufkommen starker eigener Gefühle Unsicherheit bereiten: Muss ich meine Wut versuchen, zu unterdrücken? Oder wenn nicht: Wie kann ich sie herauslassen? Bei dieser Frage spielen Vorbilder eine große Rolle. Wie die Erwachsenen um sie herum mit Wut, Aggression oder Schuld umgehen, ahmen Kinder als Muster nach – manchmal auf kontraproduktive Weise, wenn sie plötzlich die Fehler der Großen übernehmen und trotzig den eigenen Eltern das Wort verbieten, wie diese es tun. Gibt es ältere Geschwister, eignen sich diese ebenso als »Wut-Rauslass-Vorbilder«, was Eltern wie Erziehern oft befremdlich vorkommt. Auch kleinere Geschwister werden für ihr simples Wut-Verhalten beneidet und nachgeahmt, was folgenden Ruf zur Folge hat: »Benimm dich nicht wie ein Baby!« Im Vergleich zum Dreijährigen hat sich das Emotionsverständnis bei Vier- und Fünfjährigen deutlich fortentwickelt. Nun sind die Kinder bereit, das gleichzeitige Auftreten von Emotionen zu verstehen: »Der ist glücklich, aber auch ein bisschen neidisch!«. Sie können nun im Gespräch begreifen, warum ein »böser Mensch« eigentlich auch traurig und lieb sein kann. Gerade jetzt helfen ihnen die Figuren aus Kinderbüchern, ambivalente Gefühlslagen zu verstehen.

Kurz vor dem Ende der Kindergartenzeit zeigen viele Kinder eine Fähigkeit, die vielleicht schon lange von ihnen erwartet wurde: Sie können nun erstmals größere Emotionen regulieren. Auf »Zeig nicht so, dass du dich freust, sonst sind die anderen traurig!« können sie eine Weile eingehen, können vielleicht Trauer und Freude vorspielen – und damit erstmals als Schauspieler überzeugen – und sie können versuchen, ihre Wut etwas zu dämpfen. Dafür allerdings brauchen sie wiederum Tricks und Techniken, die wir ihnen vermitteln müssen: »Erst mal bis zehn zählen«, »Nicht zurückhauen, besser weggehen« sind zwei Beispiele, um im Konfliktfall der eigenen Emotionen Herr zu werden, während ein Gebot, sich »bitte sofort zu beruhigen«, das Kind noch lange überfordern würde.
Auch die Empathiefähigkeit hat sich bis zum Ende der Kita-Zeit so weit entwickelt, dass sie das Kind zur Steuerung des eigenen Verhaltens verwenden kann. Wenn Kinder sagen: »Ich glaube, Mama ist müde, da quengel ich lieber nicht so viel!«, zeigen sie Verständnis dafür, dass man manchmal eigene Gefühle zurückstecken muss, weil man deren Auswirkung auf das Gegenüber einschätzen kann.

An der Wut arbeiten

Auf folgende Weise können Kinder dabei unterstützt werden, mit eigener und fremder Wut erfolgreich umzugehen:

Grundsätzlich Akzeptanz für Wut, Trotz und Trauer erfahren

Kindern sollte die Erfahrung ermöglicht werden,

- dass es in Ordnung ist, wenn man über aggressives Verhalten Wut abbaut, solange andere dadurch nicht verletzt oder übermäßig gestört werden,
- dass eigene Gefühle nichts sind, was man unterdrücken muss, sondern sie müssen begreifen, dass alle Menschen wütend werden können,
- dass es bei Konflikten nicht immer um Schuld geht und
- dass ihnen immer Orte und Ansprechpartner zur Verfügung stehen, bei denen sie bedrückende Dinge loswerden können.

Einsicht in unterschiedliche Motivlagen anderer gewinnen

Kinder sollten dazu befähigt werden,

- verstehen zu können, wie es dem anderen geht. Wenn Kinder begreifen, dass Wut bei anderen durch äußere Umstände entstehen kann, verstehen sie allmählich auch, dass sie selbst – unabsichtlich – Wut bei anderen auslösen können;
- ein Gefühl dafür zu bekommen, wie die eigene Wut auf andere wirken kann. Vielleicht gelingt es sogar, anderen zu helfen, ihre Wut loszuwerden.

Über Erste-Hilfe-Strategien bei Wut verfügen

Kinder sollten Wege kennen,

- um die eigene Wut loszuwerden, ohne andere mit einzubeziehen;
- um in bestimmten Momenten nicht die Kontrolle zu verlieren, sie brauchen ein Repertoire an Alternativen;
- in der Gruppe Konflikte auch ohne unser direktes Eingreifen friedlich beizulegen.

Ideen für ein gutes Miteinander finden

Grundsätzlich sollte es darum gehen,

- das Miteinander so regeln zu können, dass es sich für alle gut anfühlt. Dazu gehört es, Verantwortung für einmal getroffene Regeln zu übernehmen;
- anderen Kindern, denen ein angenehmer Umgang miteinander nicht immer leichtfällt, zu helfen, in der Gruppe klarzukommen. Hat man sich nach einem großen Wutanfall wieder eingekriegt, ist es gut, Wege zu kennen, um sich ohne Gesichtsverlust in die Gruppe einbringen zu können.

Selbstbewusst gegenüber aggressivem Verhalten anderer werden

Weil Kinder immer wieder auf aggressiv auftretende Mitmenschen treffen werden, ist es wichtig, die Hintergründe zu verstehen, die manche Menschen »böse« werden lassen. Gemeinsam sollten wir Ideen entwickeln, wie man diesen helfen kann, freundlich zu werden. Unverzichtbar ist es aber, Kinder darin zu bestärken, dass sie aggressives Verhalten anderer – besonders auch nahestehender Personen – nicht hinnehmen müssen, sondern Unterstützung suchen sollten.

Wut mit Bilderbüchern begegnen

Bilderbücher regen die Fantasie an und öffnen Kindern die Türen zu anderen Welten. Ob Mut, Angst, Glück, Wut oder Trauer: Gefühle kommen in der Auseinandersetzung mit Geschichten stets zum Ausdruck. Über die Identifikation mit den Figuren erlangen Kinder emotionale Kompetenzen.

Die eigene Wut und das wütende Handeln anderer Personen können Kinder dann eher begreifen, wenn sie die Perspektiven der Bildbuchhelden einnehmen und sich aktiv mit den Bilderbüchern auseinandersetzen. Folgende Bücher, auf die dieses Projektheft Bezug nimmt, thematisieren Wut:

Heinz Janisch,
Manuela Olten:
Wenn Lisa wütend ist

Agnès de Lestrade,
Guillaume Plantevin,
Tobias Scheffel:
Die Geschichte vom Elefanten …

Jutta Bauer: Schreimutter

Ole Könnecke:
Der große böse Bill

Kathrin Schärer:
So war das! Nein, so!
Nein, so!

Alle Figuren haben eines gemeinsam: sie sind in verschiedenen Situationen mit ihrer eigenen Wut oder der von anderen konfrontiert. Wenn Lisa wütend ist, trommelt sie mit den Händen auf den Boden oder verknotet Bäume. Sie findet ihren eigenen Weg, diesen starken Wut-Gefühlen Ausdruck zu verleihen. In der Geschichte vom Elefanten tragen alle Tiere im Dschungel ein dünnes Nervenkostüm und das alles nur, weil die Fledermaus den Elefanten die ganze Nacht mit ihren Geräuschen wachhielt.

Im Buch »Schreimutter« muss das kleine Pinguinkind einen wütenden Schreianfall seiner Mutter aushalten. Es zerfällt dabei vor lauter Angst und Unsicherheit in seine Einzelteile, am Ende entschuldigt sich die Pinguinmutter aber dafür. Der große böse Bill ärgert andere Kinder. Diese erschrecken ihn daraufhin mit einem Trick und bringen so seinen guten Kern zum Vorschein. Zu einem Streit zwischen Fuchs, Dachs und Bär kommt es im Buch »So war das! Nein, so! Nein, so!«. Es ist ganz normal, dass im Konfliktfall Wut hochkocht – es findet sich dann aber auch ein Weg, den Wutkreislauf zu durchbrechen.

WENN LISA WÜTEND IST

»Wenn Lisa wütend ist, würde sie am liebsten alle auf den Mond schießen. Und weiter noch.«

Zitat aus: Wenn Lisa wütend ist

Krieg dich mal wieder ein«, bekommen Kinder oft zu hören, dabei ist in den ersten sechs Lebensjahren an eine bewusste Steuerung von Gefühlswallungen kaum zu denken. Auch Lisa, die Heldin des Buches, bearbeitet ihre Wut nicht, sondern lässt sie ganz impulsiv raus. Wir wissen nicht, wer oder was die Wut verursacht haben könnte, aber das scheint egal zu sein. Unter Lisas Wut leiden jede Menge Unschuldiger: der Hund im Park, die Bäume, die Bewohner verschobener Häuser, der große Bert, verschiedene Kinder auf dieser und der anderen Seite des Planeten, selbst ihr geliebter Teddy wird in Mitleidenschaft gezogen. Wiewohl Lisas Wut nachvollziehbar ist, kann beim Betrachten der Bilder Mitleid mit ihren »Opfern« aufkommen.

Ganz klar wird aber auch: Wut erzeugt Energie. Lisa scheint vor lauter Wut Riesenkräfte zu bekommen und diese muss sie irgendwie abbauen. Im Buch endet das Ganze sozial verträglich, indem Lisa so laut schreit, dass die Wut wie ein Zettel in tausend Stücke gerissen wird.

Anhand des Buches können wir Kindern die folgenden Einsichten vermitteln: Es ist ein ganz normaler Vorgang, dass man vor Ärger »wild« wird, plötzlich vor Kraft zu strotzen scheint und diese Kraft loswerden will – durch durchaus auch destruktiv wirkende Taten. Die Natur scheint uns diesen Weg, um aufgestaute Wut wirklich loszuwerden, mitgegeben zu haben. Kinder wie Größere müssen aber lernen, dieses in einer Form zu tun, die anderen nicht wehtut und sie am Ende selbst wütend macht. Statt die Wut zu unterdrücken, brauchen Kinder einfache und zu ihnen passende Wege, um Wut durch körperliche Aktivität und Rückzug auf verträgliche Weise loszuwerden.

Verschoben und verknotet: Lisas Stadt

Ziele
- sich in die Geschichte einfühlen
- neue Spiele entwickeln

Alter
5 bis 6 Jahre

Gruppengröße
KG, GG

Materialien
- 5–6 Pappkartons in unterschiedlichen Größen
- 5–6 Bögen rotes Tonpapier
- 1 Klebeband
- ca. 10 braune Pfeifenputzer
- ca. 5 grüne Putzschwämme
- 2–3 Eierkartons
- Flüssig- oder Heißkleber
- Messer mit Riffelung und ohne Spitze
- Temperafarbe
- Zahnstocher

Mit Lisa die eigene Wut begreifen können

So sehr Lisa in ihrer Wut ihre Umwelt auch terrorisiert: Das Wohnen in einer Stadt mit verschiebbaren Häusern und verknoteten Bäumen dürfte für Kinder durchaus interessant sein. Bei dieser Aktion entsteht Lisas Stadt – zum Verschieben bei Wut, aber auch einfach zum Bespielen …

→ Vorbereitung

- Stellen Sie den Eltern Ihr Vorhaben vor, bitten Sie um reichlich Karton-Spenden.

→ So geht's

- Stellen Sie die – möglichst unterschiedlich großen – Kartons auf die Unterseite. Zeichnen Sie auf die beiden schmaleren der vier Wände auf der oberen Hälfte einen Giebel ein, um die Kinder nun mit einem Messer entlang dieser Linie »sägen« zu lassen. Knicken Sie die Pappe an der Seite zwischen den Giebeln nach innen. Schneiden Sie als Spitzdach ein Stück Tonpapier etwas breiter als der Abstand zwischen den Giebeln zurecht, falten Sie dieses am Dachfirst und lassen Sie es die Kinder aufkleben. Fenster und Türen können nun eingezeichnet und von älteren Kindern mit dem Messer eingeritzt, von jüngeren einfach deckend mit Temperafarbe bemalt werden.

- Um die Knoten-Bäume herzustellen, benötigen Sie die Pfeifenputzer als Stamm, der sich leicht knoten lässt. Stabil stehende Bäume entstehen, wenn die Kinder den Pfeifenputzer in die Mitte der Spitzen eines auseinandergeschnittenen Eierkartons stecken und Sie ihn mit etwas Heiß- oder Flüssigkleber zusätzlich befestigen. Eine hübsche Baumkrone entsteht, wenn man grüne Putzschwämme in Stücke reißt, um diese nun mit hineingesteckten Zahnstochern und Kleber urwüchsig aneinander und zuletzt am »Baumstamm« zu befestigen.

→ Abschluss

- Spielen Sie das Lisa-Spiel, indem ein von Ihnen ausgewähltes Kind unter großem Wutgeheul durch eine zuvor ordentlich aufgestellte Karton-Stadt läuft und alles verschiebt oder umkippt. Sprechen Sie über echte Wut-Momente der Kinder!

Was Wut kann: Wut-Geschichten erfinden

Ziele
- kreative Erzähl-Ideen entwickeln
- zeichnerische Mittel erweitern

Alter
3 bis 6 Jahre

Gruppengröße
GG

Dauer
20 Minuten

Materialien
- Bilderbuch »Wenn Lisa wütend ist«
- Papier
- Stifte

Die eigene Wut begreifen

Lisa scheint durch ihre Wut Kräfte wie Pippi Langstrumpf zu entwickeln. Das kann Kinder zu eigenen Wut-Geschichten animieren, die bei dieser Gesprächsrunde vorgestellt werden – und Anlass zum Nachdenken darüber bieten, was beim Herauslassen der Wut für andere tragbar ist.

→ So geht's

- Betrachten Sie gemeinsam das Buch. Erfinden Sie eine Fortsetzung: »Einmal, als Lisa wieder wütend war, da hat sie so laut geflucht, dass der Kirchturm umgekippt ist, sie den Mond wie einen Fußball getreten hat, sodass der voll auf die Sonne zugeflogen ist …«.
- Lassen Sie die Kinder reihum Wut-Kräfte für Lisa erfinden, möglichst mit einem wiederkehrenden Satzanfang.
- Fragen Sie viel nach, um aus den ersten Ideen der Kinder, die vermutlich Ihr Vorbild oder das des Buches aufgreifen, spannende Geschichten zu machen: »Was war denn mit den Leuten in den umgekippten Häusern?« »Was hat Lisa gemacht, als der Mond plötzlich weg war?«
- Lassen Sie die Kinder entsprechend ihrer Geschichten anschließend neue Bilder von Lisa zeichnen.

→ Abschluss

- Fragen Sie in den nächsten Tagen, wem noch eine Geschichte eingefallen ist. Bereichern Sie die Erzählungen durch eigene, echte Erlebnisse: »Als ich einmal so wütend wie Lisa war, habe ich …«

Manchmal hab ich Wut!

Ziele
- ein Lied lernen
- sich zu Musik bewegen

Alter
4 bis 6 Jahre

Gruppengröße
KG, GG

Dauer
45 Minuten

Materialien
- CD Volker Ludwig, Grips-Theater:» Wir werden immer größer – 25 Lieder aus dem berühmtesten Kindertheater der Welt« mit dem Lied »Manchmal hab ich Wut«
- Text, Gitarrengriffe (auf der Seite des Grips-Theaters zu finden)

Mit Lisa die eigene Wut begreifen

Wie kriegt Lisa ihre Wut weg? In einem schönen Lied des Berliner Grips-Theaters denkt ein Kind genau über diese Frage nach. Das Lied ist ein guter Anlass, um sich singend und bewegend in die Rolle von Lisa zu versetzen – und danach Gespräche über eigene Wut-Momente zu führen.

→ So geht's

- Spielen Sie das Lied vor. Sprechen Sie darüber, was das Kind im Lied gerade erlebt haben könnte.
- Fordern Sie die Kinder auf, eigene Wut-Geschichten zu erzählen. Stellen Sie die Idee vor, das Lied gemeinsam zu singen und als Bewegungslied darzustellen. Hören Sie dafür das Lied Zeile für Zeile an, denken Sie sich jeweils eine passende Bewegung aus – z. B. bei »Kaputt hau'n« das Ausschlagen mit der Hand, bei »zertreten« ein wütendes Aufstampfen, bei »dann fühl ich mich allein« ein plötzlich trauriges Umherblicken, bei »freundlich sein« ein kurzes, entschuldigendes Lächeln. Insbesondere die Ausrufe »Aaah!« und »Bääähl!« verdienen es, mit großer Geste und lauter Stimme in Szene gesetzt zu werden. Mit den eingeübten und von Ihnen mitgespielten Gesten dürfte es leicht sein, dieses Lied immer besser mitzusingen, um es eventuell auch aufführen zu können.

→ Abschluss

- »Keiner hilft mir über meine Wut drüber weg!«, endet das Lied auf ungewöhnlich offene Weise – was das Nachdenken der Kinder anregen kann: Was könnte man tun, um das wütende Kind am Ende wieder fröhlich zu machen?

Text

Manchmal hab ich Wut,
Dann muss ich was kaputt hau'n
Dann muss ich was zertreten,
Dann bin ich ganz gemein.
Dann muss ich einen ärgern und kratzen
Und kneifen und dreschen und schrei'n: Aaaah!
Manchmal hab ich Wut
Dann fühl' ich mich allein.

Ref.: Ich möchte viel lieber freundlich sein,
Doch versuchen hat gar keinen Zweck. Denn keiner hilft mir über meine Wut drüber weg.
Denn keiner hilft mir über meine Wut drüber weg.

Manchmal hab ich Wut,
Denn alle sind so ungerecht
Und keiner kann mich leiden
Und keiner mich versteh'n.
Dann find' ich euch alle blöde und dämlich
Und will überhaupt keinen seh'n: Bääääh!
Manchmal hab ich Wut,
Die will und will nicht geh'n.
Ref.:
Ich möchte viel lieber freundlich sein …

Tipp

Für eine kleine Vorführung des Liedes können Sie sich zusammen einen Abspann ausdenken, bei dem ein Kind, das beim Singen in der Mitte des Kreises wüten darf, von allen Kindern getröstet, besänftigt, abgelenkt und wieder integriert wird.

Spannungen abbauen

Hört man wirklich durch die Erde durch, wenn jemand auf der anderen Seite tobt? Dass Schall durch Gänge, wie die der Maulwürfe, weit getragen wird, können Kinder bei diesem Rohr-Experiment erproben.

→ Vorbereitung

- Beschaffen Sie mehrere Teich-Schläuche von fünf bis acht Metern Länge (in verschiedenen Durchmessern im Baumarkt erhältlich), dazu Trichter-Sets und andere Klangkörper wie Gießkannen und selbstgefertigte Rohre aus alten Plastikflaschen.

→ So geht's

- Führen Sie zunächst vor, wie gut das Plastikrohr Schall leitet, indem Sie ein Kind bitten, ein Ende ans Ohr zu halten und Sie in die andere Seite hineinflüstern. Spielen Sie anschließend Schlauch-Wirrwarr: Mehrere Schläuche liegen dafür ziemlich verknäult in der Mitte des Kreises und die eine Hälfte der Kinder darf nun in je einen Schlauch hineinsprechen, während die anderen durch Abhören der Schläuche herausfinden sollen, wer jeweils hinter welchem Schlauchende spricht.

- Elefantenkrach machen: Stecken Sie als Geräuschverstärker Dinge wie die Trichter oder eine Gießkanne auf das Schlauchende auf und testen Sie, wie sich der Klang beim Hineinrufen verändert. Lassen Sie laute, trötende Rufe zu – einmal unbegrenzt laut zu sein, macht Spaß!

- Den Mausegang-Test machen: Vergraben Sie gemeinsam die Mitte der Schläuche im Sand des Sandkastens, sodass nur noch die Endstücken herausschauen. Testen Sie, ob man den Schall auch durch den Sand hört. Spielen Sie ein weiteres Mal das Schlauchende-Such-Spiel: An welchem Schlauchende muss man horchen, um mit einem bestimmten Kind verbunden zu sein?

→ Variation

- Rohrpost spielen: Stecken Sie kleine Styroporbälle als »Rohrpost« in ein Schlauchende, blasen Sie dann mit einem Blasebalg oder mit dem Mund kräftig hinein und probieren Sie, ob es gelingt, Dinge durch das Schlauchsystem hindurchzusenden.

Spaß mit klingenden Rohren

Ziele
- → mit Akustik experimentieren
- → über heftige Gefühle nachdenken

Alter
3 bis 6 Jahre

Gruppengröße
GG

Dauer
30 Minuten

Materialien
- → 2–3 Teich-Schläuche (Baumarkt) von etwa 5–8 Metern
- → Sandplatz
- → Schaufeln
- → als Klangkörper: 4–6 Trichter oder Plastikflaschen
- → evtl. Gießkannen

Tipp

Nicht zu tief vergraben – weil sich erfahrungsgemäß schnell viel Sand in diesem Rohrsystem ablagert, muss dieses ab und zu herausgeholt und ausgeklopft werden.

Auferstanden aus Schnipseln

Ziele
- → kreative Ideen entwickeln
- → Fingerfertigkeit beim Basteln entwickeln

Alter
2 bis 6 Jahre

Gruppengröße
KG, GG

Dauer
30 Minuten

Materialien
- → gebrauchtes Papier in großer Menge, möglichst bunt
- → Flüssigkleber
- → evtl. Pinsel und Temperafarbe

SPANNUNGEN ABBAUEN

Lisa zerreißt ihre Wut am Ende der Geschichte wie Papier in kleine Schnipsel. Eine naheliegende Idee: Papier zerreißen macht Spaß und es hilft, Druck abzubauen. Manchmal ist das Ergebnis zudem nicht destruktiv, sondern führt zu neuer Kreativität, wenn bei dieser Aktion aus vielen Schnipseln ein neues Kunstwerk entsteht.

→ SO GEHT'S

- Laden Sie die Kinder zu einer lustvollen Papierschlacht ein – am besten an einem Tag, an dem Spannung in der Luft liegt. Ihr Material zum Zerstören sind abgelegte Bilder aus dem Malregal, vielleicht auch bunte Zeitschriftenseiten, angeschlagene Buntpapiere oder eigens dafür angefertigte Bilder. Ziel ist deren Zerreißen – auf möglichst kraftvolle, aber auch gern kunstvolle Weise: Kraftprotze können versuchen, Papier stapelweise zu zerreißen; Reiß-Künstler hingegen können sich an langen, gerissenen Schlangenlinien oder perfekten Reiß-Kreisen versuchen. Vereinbaren Sie ein lustiges Stopp-Zeichen für die Aktion, mit dem sie eine völlige Zerstörung der Papiere vor lauter Reiß-Lust verhindern.

- Lassen Sie die Kinder die Schnipsel anschließend nach Farbe ordnen. Dabei werden die Kinder sicherlich Schnipsel finden, auf denen man »was erkennt«, weil zwei plötzlich wie Augen aussehen oder verlaufene Farbe wie die Beine eines Tieres …

- Legen Sie diese Schnipsel an einen besonderen Ort und betrachten Sie diese gemeinsam: Was könnten das für Wesen oder Orte sein? Aus diesen Zufallsfunden können Sie nun Geschichten erfinden, die Sie mit Schnipsel-Collagen erzählen können.

→ ABSCHLUSS

- Die zehn schönsten Schnipsel-Bilder zum Buch binden, aus dem die Kinder die Gemeinschafts-Geschichte immer wieder erzählen können. Restliche Schnipsel als Collage-Material in der Malecke bereitstellen oder durch Einweichen und Pürieren zu neuem Papier verarbeiten.

Wirkung von Wut auf andere

Lisa wendet verschiedene Techniken an, um ihre Wut loszuwerden, und es bleibt unklar, ob sie alle etwas bewirken – oder nur die letzte Technik hilft. Weil jedes Kind Tricks braucht, um seine Wut loswerden zu können, ohne dass andere darunter leiden – wie es bei Lisa teilweise der Fall ist – geht es bei dieser Aktion um das Sammeln und Visualisieren guter Wut-Tricks.

→ So geht's

- Sprechen Sie nach dem Durchlesen des Buchs mit den Kindern darüber, wer welche der dargestellten Wut-weg-Techniken schon mal angewendet hat. Besprechen Sie, welche davon für Unbeteiligte eher unangenehm sind. Sammeln Sie eigene »Ideen« der Kinder in Form von tragbaren Verhaltensweisen: »Wenn ich ganz wütend bin, dann mache ich das immer so …«
- Fassen Sie die Gesprächsergebnisse in einfacher Form zusammen, sodass eine Handvoll Verhaltensweisen übrig bleiben. Erfinden Sie gemeinsam einen passenden, lustigen Namen für die jeweilige Technik zum »Abregen«.
- Lassen Sie die Kinder zu allen Ideen ein Bildsymbol zeichnen. Sammeln Sie die Bilder auf einem großen Poster »Wut-Tipps«, das Sie für alle Besucher gut sichtbar aushängen.

→ Abschluss

- Werten Sie die Aktion nach einigen Wochen mit den Kindern aus: Welche Runterkomm-Technik hat geholfen? Gibt es neue Ideen, die mit einem Bildsymbol aufgenommen werden sollten?

Über-Wut tut selten gut – Tricks zum Runterkommen

Ziele
- → eigene Verhaltensweisen reflektieren
- → Ideen für ein gutes Miteinander entwickeln

Alter
4 bis 6 Jahre

Gruppengröße
GG

Dauer
20 Minuten im Kreis,
10 Minuten Herstellung

Materialien
- → Bilderbuch »Wenn Lisa wütend ist«
- → 1 Blatt im Posterformat
- → 5–10 kleine Malpapiere
- → einige Stifte
- → 2–3 Klebestifte

Greif in die Wut-Box!

Ziele
- → Spannungen abbauen
- → eigene Gefühlslagen verstehen und darauf Einfluss nehmen können

Alter
4 bis 6 Jahre

Gruppengröße
EA

Dauer
20 Minuten

Materialien
- → große Menge an Papierresten
- → 2 Pappkartons
- → evtl. Klopapier-Innenrollen
- → Schere
- → Temperafarbe, Pinsel

WIRKUNG VON WUT AUF ANDERE

Wut gehört zum Zusammenleben einfach dazu, bei Kindern sowieso. Um sie ganz selbstverständlich ausleben zu können, ohne dass sich jemand davon gestört fühlt, bieten sich Hilfsmittel an – wie diese gemeinsam gebaute und gewartete Wut-Box.

→ VORBEREITUNG

- Besorgen Sie – am besten aus Elternspende – verschiedene gebrauchte Papiersorten in großen Mengen, also bedrucktes Schmierpapier, dünnere und dickere Pappen, knisterndes Verpackungsmaterial, vielleicht auch noch gebrauchte Telefonbücher …

→ SO GEHT'S

- Stellen Sie den Kindern die Idee vor, in einer Box Papier bereitzuhalten, das man im Fall großer oder kleiner Wut zerreißen, zerknautschen, zerschnippeln kann. Stellen Sie gemeinsam zwei »Wut-Boxen« aus mittelgroßen Pappkartons her: In einer – vielleicht außen als rotes Monster bemalten – Box liegen die Papiere bereit, an denen man sich nach Herzenslust abreagieren darf. Eine zweite Box – grün und friedlich bemalt – dient dazu, die im Zuge großer Wut zerstörten Blätter und Papierknäuel aufzunehmen. Sie könnte dafür mehrere Einwurf-Öffnungen haben wie ein Papprohr zum Hineinstecken von Knüllpapier. Überlegen Sie gemeinsam, welche Tätigkeiten an der Wut-Box erlaubt und welche unerwünscht sein sollten – Telefonbuch-Zerreißen ja, Reste liegen lassen oder andere bewerfen natürlich nein – und stellen Sie diese Szenen dar, um sie als Foto im Deckel der Wut-Box abbilden zu können – mit oder ohne roten »Verboten«-Querstrich.

→ ABSCHLUSS

- Es lohnt sich, die Wut-Box einmal pro Woche zu »evaluieren«: Wie viel Wut gab es diese Woche zu bewältigen? Wer kann über seinen Wutanfall der Woche inzwischen lachen? Brauchen wir dringend neues Wut-Papier?

TIPP

Für das anfallende Knüll- und Reißpapier neue Verwendungsgebiete finden: Als Rohmaterial für Pappmaschee (wässern, eventuell pürieren, mit etwas Kleister vermengen, abschöpfen) oder als Füll-Material für Tobe-Kissen (alten Kissenbezug füllen).

Wirkung von Wut auf andere

Ihre Wut wird Lisa am Ende los, indem sie schreit – und sie damit zu Schnipseln zerreißt, die der Wind verweht. Bei dieser Aktion wollen wir das Verwehen positiv wenden und gute Wünsche auf Reisen schicken – vielleicht auch für Kinder wie Lisa, hinter deren Wut ein großer Kummer stecken könnte.

→ So geht's

- Bereiten Sie gemeinsam das Material für die guten Wünsche vor, die Sie wie Lisas zerrissene Wut dem Wind anvertrauen wollen. Überlegen Sie mit den Kindern, dass sich für das Wegwehen Materialien eignen, die leicht sind und gut fliegen. Geeignet sind große Blätter von Ahorn oder Platane, die sich mit Bastelscheren in Brief-Form zurechtschneiden lassen und mit Filzstift gut bemalen lassen.
- Schneiden Sie gemeinsam Ihre Wunschblätter in Form – sie könnten quadratisch oder dreieckig sein. Besprechen Sie, welche Wünsche auf diese symbolische Weise auf den Weg gebracht werden sollen. Lassen Sie die Kinder ihren Wunsch malen.

→ Abschluss

- Verabreden Sie einen Ausflugstag zur nächsten Erhebung, an dem die Blätter feierlich dem – an diesem Tag hoffentlich wehenden – Wind übergeben werden. Alternativ bietet sich auch ein Lagerfeuer an, bei dem die Wunsch-Blätter als Brennmaterial vergehen – und als Rauch in die Lüfte steigen.

Fliegende Wünsche

Ziele
- → feinmotorische Fähigkeiten trainieren
- → über eigene Wünsche und Bedürfnisse nachdenken

Alter
3 bis 6 Jahre

Gruppengröße
KG, GG

Dauer
15 Minuten Herstellung, Ausflug

Materialien
- → 1–2 Tüten große Blätter (Ahorn oder Platane)
- → Scheren
- → dicke Filzstifte
- → evtl. 3–4 Meter Schnur
- → evtl. 1 Blanko-Heft zum Pressen und Anschauen
- → alternativ: 1 Hefter mit Folientaschen

Tipp

Feste Blätter lassen sich sogar zu einem »Wunsch-Buch« verbinden. Dazu pressen Sie die Blätter, bemalen sie und sammeln sie in einem Fotoalbum aus Folientaschen. Oder Sie laminieren sie, lochen sie mit einem Bürolocher und verbinden sie mit einen Heftstreifen.

DIE GESCHICHTE VOM ELEFANTEN …

»Und so stößt sie auf den Elefanten – den Elefanten, der schlecht gelaunt war, weil er die ganze Nacht wegen einer Fledermaus nicht schlafen konnte, die … also … du weißt, wie es weitergeht.«

Zitat aus: Die Geschichte vom Elefanten …

»Weißt du überhaupt, warum du so wütend bist?« Nicht nur für Kinder ist diese Frage oft schwer zu beantworten. Oft ist – lange, bevor ein Konflikt offen ausbricht – irgendetwas geschehen, was eine oder mehrere Konfliktparteien in Rage gebracht hat. Weil das oft schwer zu benennen ist, kennt der Volksmund viele Redewendungen dafür, wie uns Wut zugeflogen ist: Da ist einem »die Laus über die Leber gelaufen«, ein anderer »mit dem falschen Fuß aufgestanden«. »Die Geschichte vom Elefanten« betreibt dagegen genaue Ursachenforschung und benennt, dass die schlechte Laune des Elefanten durch kichernde Fledermäuse ausgelöst wurde. Ein klares Opfer, würde er nicht seine Wut an den Affen weitergeben, der wiederum die Schlange ansteckt, bis am Ende dieser Wut-Kette Fledermäuse belustigt werden, die dem Elefanten garantiert die nächste unruhige Nacht verschaffen.

Bei den hier vorgestellten Aktionen zum Buch geht es darum, Kinder verstehen zu lassen, wie Wut weitergereicht wird, wenn man nichts dagegen tut. Aber was kann man dagegen tun? Die Aktionen wollen spielerisch Maßnahmen gegen diesen Wut-Kreislauf entwickeln: Sie wollen Kinder befähigen, die Wut beim anderen besser erkennen zu können, um diesen dabei zu unterstützen, von ihr loszukommen. Denn: die Wut eines Einzelnen kann viele »Unschuldige« treffen – und dennoch liegt es in der Verantwortung aller, etwas dagegen zu tun.

Erzähl-Theater

Ziele
- eine Geschichte in eigenen Worten wiedergeben
- Geschichten in Bilder übersetzen

Alter
3 bis 6 Jahre

Gruppengröße
KG, GG

Dauer
30 Minuten

Materialien
- 1 Set Tonpapiere in den Grundfarben der Buchseiten
- diverse Öl-Pastellkreiden
- evtl. weißes Papier, schwarzer Stift (für Augen)
- 1 Pappkarton (Bananenkarton, Umzugskarton)
- Cutter
- Klebeband zum Verstärken des Kartons
- oder: gekauftes Kamishibai-Theater (Kindergarten-Versand)

Mit dem Elefanten verstehen, dass Gefühle anstecken können

Die Wutkette der Tiere aus dem Bilderbuch eignet sich gut für eine Aufführung im »Kamishibai« – einem alten japanischen Bilder-Theater –, denn kurze Geschichten lassen sich mit wenigen Bildern erzählend aufführen. Besonders gut passt das Prinzip hier, wenn die Geschichte einen ewigen Kreislauf beinhaltet …

→ So geht's

- Bauen Sie zunächst ohne die Kinder, falls Sie kein fertiges Kamishibai-Theater haben, einen solchen aufstellbaren Bilderrahmen: Er kann aus einem auf der Längsseite aufgestellten Pappkarton bestehen, dessen Boden Sie bis auf einen schmalen Rahmen ausschneiden, um nun durch einen oben angebrachten Schlitz selbst gemalte Bildtafeln einschieben zu können.

- Lassen Sie die Kinder auf festen Papierbögen, die die Größe des Rahmens haben, alle Szenen aus der Geschichte abmalen. Gut geeignet ist farbiges Tonpapier in der jeweiligen Farbe des Bildes, als Malmaterial bieten sich Öl-Pastellkreiden an. Zeigen Sie den Kindern, wie man die zum Verstehen der Geschichte wichtigen wütenden Augen der Tiere malen kann.

- Üben Sie, wie mehrere Kinder ihre Bildergeschichte vorführen können: Einer tauscht die Bilder im Rahmen aus – die natürlich in der richtigen Reihenfolge eingeschoben werden müssen, während der andere die Geschehnisse des Bildes erzählt.

→ Abschluss

- Führen Sie die Geschichte Gästen vor – entweder aus der Nachbar-Gruppe oder als Intro für den Elternnachmittag. Spielen Sie zur Verdichtung der Atmosphäre noch leise Dschungel-Musik oder Vogelgezwitscher dazu.

→ Variation

- Überlegen Sie zusammen: Wer hat Ideen, um diese Geschichte von der endlosen Wut auf angenehmere Art zu beenden? Wie könnte jedes der Tiere den wütenden Elefanten besänftigen?

Wer hat die Wut?

Mit dem Elefanten verstehen, dass Gefühle anstecken können

In der Geschichte vom Elefanten wird die Wut weitergegeben und wer sie bekommt, dem fällt es nicht leicht, sie wieder loszuwerden. Bei dieser Aktion wird dieses Prinzip zum Spiel – aber statt Wut wird dabei eher eine sanfte Berührung erlebt.

→ So geht's

- Am besten spielt sich das Spiel zu zweit: Ein Kind setzt sich hin und schließt die Augen, während das andere versucht, ihm möglichst vorsichtig einen kleinen, roten, gefalteten Zettel (»die Wut«) irgendwo am Körper zu verstecken – unter den Haaren, in Pulloverfalten. Damit das Verstecken nicht so offensichtlich ist, gilt es natürlich, auch an ein paar Stellen herumzunesteln, wo die »Wut« gar nicht deponiert wird.
- Hat das andere Kind dann die »Wut« gefunden, darf es diese an den Partner – oder beim Spielen im Kreis dem nächsten weitergeben.

→ Abschluss

- Sprechen Sie darüber, wie es sich anfühlt, wenn man – wie hier – ganz vorsichtig etwas »untergejubelt« bekommt.

Ziele
- → achtsam miteinander umgehen
- → Ideenreichtum entwickeln

Alter
3 bis 6 Jahre

Gruppengröße
KG, GG

Dauer
15 Minuten

Materialien
- → 1 kleiner roter Zettel
- → Stuhlkreis oder Stühle paarweise stellen

Von einem zu anderen: Eine Reaktionskette bauen

Ziele
- mit Schwung und Schwerkraft experimentieren
- über Ursache und Wirkung nachdenken

Alter
4 bis 6 Jahre

Gruppengröße
KG

Materialien
- verschiedene Gegenstände, sie sich im Raum befinden (Bücher, Bausteine, Bälle, rollende Dinge, Bretter und Leisten …)
- evtl. Digitalkamera

Mit dem Elefanten verstehen, dass Gefühle anstecken können

Mit der Wut ist es bei den Tieren wie bei einer Krankheit: Einer steckt den anderen an. Um dieses Prinzip auf lustige Weise zu veranschaulichen – und jede Menge Spaß mit »Rums“ und „Plumps« zu haben – können Sie versuchen, mit den Kindern eine Reaktionskette zu bauen, bei der ein Ding seine Kraft auf das nächste überträgt.

→ Vorbereitung

- Erproben Sie eine ganz einfache Reaktionskette, die sie den Kindern vorführen können, um das Prinzip zu veranschaulichen: Ein aufgestelltes Buch soll umkippen, wodurch ein auf einer schiefen Ebene locker abgelegter Ball in Bewegung versetzt wird, der wiederum ein weiteres Buch umkippt, wodurch ein sitzendes Kuscheltier umfällt … Testen Sie ein paar Ideen aus, bevor Sie mit den Kindern losbauen.

→ So geht's

- Führen Sie den Kindern Ihre Reaktionskette vor, nachdem Sie gefragt haben, was wohl passiert, wenn Sie den ersten Gegenstand in Bewegung versetzen. Lassen Sie die Kinder mit einfachen Materialien, wie Büchern und Bällen, das Prinzip an einer zwei- oder dreiteiligen Reaktionskette erproben. Überlegen Sie gemeinsam, welche Möglichkeiten es gibt, Dinge in Bewegung zu versetzen, schlagen Sie Laufbahnen für rollende Dinge und Wippen vor, bei denen Dinge beim Fall auf die eine Wippenseite Dinge auf der anderen Seite hochschnellen lassen.

- Teilen Sie kleine Tüftler-Teams ein, die jeweils eigene Ideen erproben können.

→ Auswertung

- Führen Sie sich gegenseitig Ihre Reaktionskette vor, nehmen Sie diese mit der Digitalkamera auf. Überlegen Sie, ob Sie für das nächste Sommerfest eine Elternaktion, angeleitet durch die Kinder, einplanen.

Verstehen, dass Wut manchmal einfach dazugehört

Eigentlich sieht er doch niedlich aus, der wütende Elefant – wenn man sich nur nicht so in Acht vor seiner Wut nehmen müsste! Weil Wut-Gesichter-Ziehen durchaus Spaß macht, dürfen bei dieser Aktion die Kinder ihren wütendsten Gesichtsausdruck aufsetzen, fotografieren und künstlerisch weiterbearbeiten.

→ So geht's

- Stellen Sie den Kindern die Idee vor, sie mit besonders wütenden Gesichtern fotografieren zu wollen. Überlegen Sie gemeinsam – unter Verwendung der Bilder aus dem Buch – was sich bei uns im Gesicht verändert, wenn wir wütend sind. Probieren Sie Wut-Gesichtsausdrücke aus, fotografieren Sie die Kinder oder lassen Sie diese sich gegenseitig knipsen. Der Aktion tut es gut, wenn Sie ein »Fotostudio« mit abgehängter Hintergrundwand – vielleicht mit einem großen schwarzen Tuch – inszenieren.
- Drucken Sie je Kind ein besonders gelungenes Foto schwarzweiß aus, um es nun mit Malfarben oder Filzstiften noch effektvoll zu kolorieren. Drucken Sie ebenfalls den dreieckigen Rahmen eines »Vorfahrt beachten!«-Schildes pro Kind aus, mit dem jeder sein Wut-Gesicht zum Warnschild verwandeln kann.

→ Abschluss

- Hängen Sie die Wut-Warnschilder aus, beschriften Sie die Ausstellung: »Achtung, manchmal sind wir wütend!«. Das dürfte ein guter Gesprächsanlass für Gespräche mit den Eltern über die Frage, warum Wut zur Kindheit dazugehört, werden.

Vorsicht vor kleinen Wüterichen!

Ziele
- → mimischen Ausdruck von Gefühlen erproben
- → Bilder kreativ weiterbearbeiten

Alter
2 bis 6 Jahre

Gruppengröße
KG, GG

Dauer
20 Minuten

Materialien
- → Bilderbuch »Die Geschichte vom Elefanten …«
- → 1 Digitalkamera
- → 1 Drucker
- → Filzstifte, Textmarker, Wassermalfarben
- → evtl. 1 großes, schwarzes Tuch

Gefühls-Roulette

Ziele
- → mimischen Ausdruck von Gefühlen erproben
- → aufmerksam für Unterschiede werden

Alter
3 bis 6 Jahre

Gruppengröße
KG, GG

Dauer
30 Minuten Bauen, Spielen nach Belieben

Materialien
- → diverse Stifte
- → 20–30 runde oder quadratische Zettel oder Moderationskarten
- → Klebestifte
- → 1 festes Papier/Pappe (ca. 40 × 40 Zentimeter), rund oder quadratisch
- → 1 kleines Stück Pappe
- → 1 Musterbeutelklammer
- → Schere

Verstehen, dass Wut manchmal einfach dazugehört

Ein schlecht gestimmter Elefant, ein gereizter Affe, eine missmutige Schlange: vielleicht wäre es hilfreich gewesen, hätten sich die Tiere über ihre Launen ausgetauscht. Beim folgenden Spiel soll die emotionale Stimmung hinter bestimmten Gesichtsausdrücken interpretiert werden können.

→ Vorbereitung

- Bauen Sie gemeinsam mit den Kindern ein »Gefühlsroulette«: Dafür lassen Sie verschiedene Kinder kleine Bilder von Gefühlsausdrücken malen oder diese darstellen, um sie fotografisch festzuhalten. Auf einer entweder kreisrunden oder quadratischen Pappe kleben Sie die Bilder wie die Zahlen einer Uhr auf. Stellen Sie einen festen Zeiger aus Pappe her, der mithilfe einer Musterbeutelklammer drehbar in der Mitte der Platte befestigt wird.

→ So geht's

- Setzen Sie die Kinder um das Gefühlsroulette herum. Drehen Sie dessen Zeiger möglichst schnell, um dann plötzlich innezuhalten. Das Gefühl, auf das der Zeiger zeigt, soll nun mit Geräuschen und Gesten möglichst eindrucksvoll dargestellt werden, bis der Zeiger von Ihnen schnell auf das nächste Gefühl verschoben wird. Macht besonders Spaß, wenn Sie schnell von einem zum anderen Gefühl hin- und zurückwechseln!

→ Abschluss

- Regen Sie zum Nachdenken und Erzählen an: Welche Momente kennen Kinder, in denen die Gefühle tatsächlich schnell von fröhlich zu traurig, wütend zu fröhlich oder wild zu sanft wechselten? Laden Sie Kinder ein, beim Erzählen solcher Geschichten den Zeiger auf das entsprechende Gefühl umzustellen. Vielleicht denken Sie sich auch eine Geschichte aus, bei der alle Zeiger-Positionen vorkommen?

Verstehen, dass Wut manchmal einfach dazugehört

Schnell passiert es einem wie dem Elefanten, dass man jemanden durch ein Schimpfwort verletzt – dabei wollte man doch nur seine Wut rauslassen! Dass – harmlose – Kraftausdrücke aber nun einmal dazugehören, können die Kinder bei dieser Aktion erfahren, wo aus den Worten liebenswerte, wiewohl freche »Schimpf-Trolle« erschaffen werden.

→ Vorbereitung

- Sammeln Sie im Alltag gehörte Schimpfwörter.

→ So geht's

- Sprechen Sie mit den Kindern über deren – tragbare, kindliche – Schimpfwörter, wie »Eierloch«, »blöde Gurke« etc. Überlegen Sie gemeinsam, was für Wesen sich hinter solchen Begriffen verstecken könnten. Erfinden Sie auch neue, harmlose Schimpfwörter auf Basis von Schmutz- und Stink-Ausdrücken sowie Gemüsesorten.

- Schlagen Sie vor, diese »Schimpfwörter« als Trolle abzubilden. Dafür können die Kinder den Kartoffeldruck nutzen, bei dem sie halbierte Kartoffeln ins flache mit Farbe gefüllte Gefäß tunken und auf Papier als Troll-Körper abdrucken. Arme, Beine, Ohren können diese Trolle durch Abdrücke feinerer Kartoffelscheiben bekommen – oder drangezeichnet mit Stiften, was sich auch für Mund und Augen empfiehlt. Auch gemusterte Troll-Körper sind denkbar, bei denen das Kind die Innenfläche der Kartoffel vor dem Druck in Streifen bemalt.

- Lassen Sie die entstandenen Trolle mit dem jeweils passendsten Namen aus Ihrer Schimpfwortsammlung benennen, schreiben Sie den Namen hinzu und hängen die Bilder aus. Eine Elterninformation über Ihre Ziele ist sinnvoll!

→ Abschluss

- Erfinden Sie zu Ihren Trollen lustige Geschichten. Und erproben Sie, was passiert, wenn das jeweilige Schimpfwort tatsächlich fällt – und Sie mit Troll-Stimme rufen: »Wer hat mich gerufen?«

Eierloch sagt man … manchmal schon

Ziele
- → sprachliche Fantasie entwickeln
- → kreative Ideen beim Gestalten entwickeln

Alter
3 bis 6 Jahre

Gruppengröße
KG, GG

Dauer
25 Minuten

Materialien
- → eine Kartoffel pro Kind
- → Temperafarbe
- → 1 flaches Gefäß
- → Bleistifte, Buntstifte
- → Papier

Wie find ich da bloß raus?

Ziele
- eine anspruchsvolle Logik-Aufgabe lösen
- mit einfachen Mitteln gestalterisch tätig werden

Alter
5 bis 6 Jahre

Gruppengröße
KG

Dauer
30 Minuten

Materialien
- Abbildungen von Labyrinthen und Irrgärten aus Hecken
- Naturmaterial, wie Zweige, Baumfrüchte, Stroh, Heu, Steine

Wege aus der Wut finden

Regelrecht verrannt hat sich der Elefant im Kinderbuch in seiner Wut. Es ist wie ein Labyrinth, in dem er sich verlaufen hat und nun den Ausgang nicht mehr findet! Um dieser Gefühlslage des Elefanten nahe zu kommen, beschäftigen sich die Kinder bei dieser Aktion mit Labyrinthen. Um dabei zu begreifen: mit Ruhe und Geduld findet man dort wieder heraus – wie aus der Wut.

→ So geht's

- Bringen Sie den Kindern gezeichnete Labyrinthe mit – vielleicht etwas größer kopiert – und lassen Sie diese erproben, wie man dort mit dem Finger oder Stiften hindurchgelangt. Stellen Sie die Idee vor, ein großes Labyrinth zum Hindurchgehen zu bauen – im Garten oder auf einer geeigneten Wiese. Gut ist, die Kinder dafür Irrgarten-Pläne auf Papier entwerfen zu lassen, um zu verstehen, wie Sackgassen und Irrwege erzeugt werden können. Zeigen Sie auch Bilder von Hecken-Irrgärten in barocken Parks oder Maislabyrinthen, berichten Sie von eventuellen Besuchen dort.

- Sammeln Sie im Garten oder beim Ausflug in den Wald mit den Kindern Material zum Labyrinth-Bau: Stöcke, Laub, Tannenzapfen bieten sich an. Lassen Sie die Kinder in kleinen Gruppen ihr Labyrinth legen – zunächst mit wenigen Stöcken, die dann durch weiteres Material verstärkt werden können.

→ Abschluss

- Um zu zeigen, dass man zum Herausfinden aus einer verirrten Situation Hilfe brauchen kann, können Sie für Labyrinth-Besucher einen draußen stehenden Helfer anbieten, der den „Verirrten“ mit Anweisungen, wohin zu gehen ist, unterstützt – eine hervorragende Rechts-Links-Übung! Eher eine Mutprobe ist es, sich „blind“ – also mit geschlossenen oder verbundenen Augen – aus dem Irrgarten führen zu lassen. Sprechen Sie darüber – und über die Wut, aus der man manchmal schwer wieder in die gute Laune zurückfindet.

Tipp

Fangen Sie das Bauen des Labyrinths von innen an – denn schließlich geht es ja darum, für das Hinausfinden aus der Wut ein Bild zu finden.

Sprich mich nicht an!

Ziele
- → ästhetisch ansprechendes Objekt gestalten
- → anderen Gefühle mitteilen

Alter
3 bis 6 Jahre

Gruppengröße
EA

Dauer
15 Minuten Herstellung, Einsatzzeit nach Bedarf

Materialien
- → Pappe
- → je 1 Bogen Tonpapier in rot, gelb, grün
- → Schere

Wege aus der Wut finden

Warum sprechen die anderen Tiere den Elefanten überhaupt an, wenn er doch so wütend ist? Weil sie es ihm zunächst nicht ansehen! Vielleicht hätte dem Dickhäuter das geholfen, was die Kinder bei dieser Aktion kennenlernen: eine umhängbare Wut-Ampel, die signalisiert, ob der Wütende noch Zeit braucht, angesprochen werden möchte oder alles wieder gut ist.

→ Vorbereitung

- Stellen Sie das nötige Accessoire, nämlich die Wut-Ampel, selbst her: Dazu schneiden Sie aus dünner Pappe zwei Kreise mit dem Durchmesser von etwa zehn Zentimetern zurecht. Eine dieser beiden Scheiben teilen Sie mit Stift in drei Felder wie drei große Tortenstücke ein, malen eines rot, das zweite gelb, das dritte grün aus. Bei der zweiten Scheibe markieren Sie die Mitte, um dann oberhalb dieses Punktes ein Sichtfenster einzuschneiden, der etwa einen Zentimeter entfernt von der Mitte beginnt und einen Zentimeter unterhalb des Randes endet – das Sichtfenster für die jeweilige Ampelfarbe. Nun müssen Sie noch beide Scheiben in der Mitte lochen und mithilfe einer Musterbeutelklammer zur Drehscheibe verbinden, zusätzlich führen Sie durch zwei Löcher am Rand eine Schnur zum Umhängen dieser Dreh-Ampel.

→ So setzen Sie's in Szene

- Erklären Sie den Kindern, dass diese die Scheibe nutzen können, um nach einem Wutanfall zu zeigen, ob sie in Ruhe gelassen werden möchten (rote Farbe), für eine freundliche Nachfrage bereit sind (gelb) oder möchten, dass das Thema erledigt ist (grün). Erklären Sie, dass keiner die Scheibe nutzen muss, es aber jeder kann. Klären Sie, dass diese Regel dann für alle gilt: Kinder mit »roter Ampel« bitte nicht ansprechen, bei gelb vorsichtig fragen, ob sie wieder dabei sind oder Trost brauchen …

- Gewöhnen Sie sich an, auch schwieriges Verhalten einzelner Kinder möglichst erst in der Grün-Phase zu besprechen, weil diese erst dann wohl richtig bereit sind, gut zuzuhören und ihr Verhalten zu reflektieren.

SCHREIMUTTER

»Meine Füße blieben stehen, aber dann rannten sie und rannten.«

Zitat aus: Schreimutter

Immer bin ich schuld!«, klagen Kinder bisweilen, »und ihr habt natürlich recht!« Wenn es zum Streit kommt, scheinen Eltern oder Erzieher/innen automatisch auf der richtigen Seite zu stehen, wenn die Fetzen fliegen, weil sie ja erwachsen sind. Dass die »Großen« genauso häufig schuld sind oder sich unangemessen verhalten, nehmen schon kleine Kinder mit feinen Antennen wahr.

Im Bilderbuch »Schreimutter« wird das Thema schon durch den Titel aufgegriffen, dessen Witz vermutlich nur Erwachsene verstehen: Das oft gehörte Wort »Schreikind« wird hier durch »Schreimutter« ersetzt. Deren Lautstärke kann das Pinguin-Kind nicht standhalten, sondern wird in Stücke zerrissen. Was die Einzelteile erleben, kann man als Übersetzung von Gefühlen in Bilder verstehen: Der Kopf fliegt ins Weltall, der Körper schwimmt davon ... »Ich wusste nicht mehr, wo mir der Kopf stand«, sagen wir manchmal, oder »Da konnte ich nur noch weglaufen!« Wie der Pinguin seine Einzelteile nicht mehr findet, ringen Kinder als Opfer erwachsener Wut darum, wieder zur Beherrschung zurückzufinden. Gut, dass die Pinguin-Mutter ihr Kind nicht nur sucht und findet, sondern sich am Ende entschuldigt!

Bei den folgenden Aktionen stehen zweierlei Aspekte im Vordergrund: Die Kinder sollen verstehen, dass auch bei Erwachsenen »Fehlverhalten« im Konfliktfall vorkommt. Im besten Fall kommt dieses zum guten Ende, wenn eine Mutter oder ein Vater sich ausnahmsweise im Ton vergriffen und später dafür entschuldigt haben. Viele Kinder dürften aber auch Bezugspersonen erleben, die ihr eigenes Fehlverhalten weniger klar zugeben oder häufig zeigen. Hier kommt es darauf an, den Kindern Strategien zu vermitteln, wie sie dieses Verhalten verstehen und so gut wie möglich verarbeiten können.

Zwei Füße allein unterwegs …

Ziele
- Kreativität entwickeln
- eine künstlerische Technik erproben

Alter
3 bis 6 Jahre

Gruppengröße
KG, GG

Dauer
30 Minuten

Materialien
- Bilderbuch »Schreimutter«
- Temperafarben in den Grundfarben
- 1 Eimer Kleister
- diverse Schwämme
- diverse Spachtel
- diverse Pinsel
- diverse Buntstifte
- 1–2 Bögen festes Malpapier pro Kind
- evtl. transparente Folien wie Prospekthüllen
- kopierte Abbildungen der Körperteile des Pinguins

An Schreimutters Kind verstehen, wie sich Wut-Opfer fühlen

Anrührend, wie nach dem großen Wutausbruch der Schreimutter die Füße ihres Kindes allein die Welt durchstreifen – und anregend, was die beiden traurigen Ausreißer noch erlebt haben … Dies dient bei dieser Aktion als Mal- und Erzählanlass.

→ Vorbereitung

- Stellen Sie Kopien der Körperteile des kleinen Pinguins her – durch Abmalen aus dem Buch. Rühren Sie am Vortag der Malaktion Tapetenkleister an, den sie dann mit jeweils einer kleinen Menge Temperafarbe vermischen, sodass eine leicht transparente Farbmasse entsteht.

→ So geht's

- Lesen Sie gemeinsam das Bilderbuch »Schreimutter«.
- Stellen Sie anschließend die Idee vor, weitere Bilder von Orten zu malen, wo die Körperteile von Pinguin schon einmal gewesen sein könnten, als Schreimutter schon einmal geschimpft hatte.
- Zeigen Sie, wie man mit der Kleister-Farbe überraschende Landschaften herstellen kann: Erst mehrere Farben per Schwamm oder Spachtel dick auftragen, dann vielleicht noch mit dem Spachtel etwas vermischen, dann mit der transparenten Folie bedecken und mit Finger oder Pinselstiel von außen bearbeiten. Zieht man die Folie ab, hat man eine Farbmischung vor sich, die oft an das Bild einer Landschaft erinnert.
- In diese Landschaft kann nun ein Körperteil von Pinguin hineingeklebt werden. Mit Buntstift können die Kinder erkennbare Formen hineinmalen, was im Kontrast zu der dünnen Kleisterfarbe oft magisch aussieht.

→ Abschluss

- Lassen Sie die Kinder erzählen, wo sich Pinguins Körperteile jeweils aufhalten und was sie dort erleben. Feuern Sie die Fantasie der Kinder durch offene Nachfragen an, wie »Ist der Schnabel dort allein?«, »Wie fühlt er sich?«, »Und wie kommt er von dort wieder weg? Hilft ihm jemand?«

Ping-Pong-Pinguin

Ziele
- Kreativität entwickeln
- Fingerfertigkeit beim Basteln entwickeln

Alter
4 bis 6 Jahre

Gruppengröße
KG, GG

Dauer
20 Minuten

Materialien
- pro Figur 1 Styropor®-Kugel
- pro Figur 1 Styropor®-Ei
- evtl. diverse Schwammstücke
- 1 Packung Zahnstocher
- 1 Tüte Pfeifenputzer in orange
- etwas schwarze Temperafarbe oder Filzstift, alternativ Bastelfilz
- 1–2 orangefarbene Strohhalme

An Schreimutters Kind verstehen, wie sich Wut-Opfer fühlen

In Einzelteile zerfällt der Pinguin durch das Geschrei der Mutter – was liegt näher, als mit den Kindern aus eben diesen Einzelteilen eine bespielbare Pinguin-Figur zu bauen, mit der sie dessen Erlebnisse nachspielen können?

→ So geht's

- Stellen Sie Ihr Materialangebot vor, um den kleinen Pinguin und seine Mutter nachzubauen: Von selbst werden die Kinder verstehen, wie aus den unterschiedlichen Styropor®-Formen der Körper samt Kopf gebildet werden kann. Führen Sie vor, wie diese Teile mithilfe eines hineingesteckten Zahnstochers verbunden werden können.

- Um Beine anzubringen, empfiehlt es sich, den Pfeifenputzer vor dem Hineinstechen mit einem Stück Strohhalm in Beinlänge zu ummanteln. Ziemlich kniffelig ist wohl das Anbringen des Schnabels: Fingerfertige Kinder können hierfür ein Loch in Strohhalm-Dicke in den Kopf bohren, um dann ein längs spitz zugeschnittenes Strohhalmstück als Schnabel hineinzustecken.

- Der schwarze »Mantel« mit Flügeln kann aus einem Filzstück geschnitten und mithilfe eines abgebrochenen Zahnstochers festgesteckt werden oder die Bauch-Form wird schwarz mit Filzstift Temperafarbe bemalt.

→ Abschluss

- Lassen Sie die Kinder die Geschichte vorsichtig nachspielen, indem sie die Pinguin-Figur demontieren und wieder zusammensetzen. Oder sie bauen eine »heile« Pinguinwelt – vielleicht aus einem kleinen Schiff oder Styropor®-Eisbergen, in der die beiden wieder glücklich vereint sind?

Wut-TV: Kinderreporter berichten

Ziele
- Gespräche führen und Informationen einholen
- Medienkompetenz erwerben
- etwas über Gefühlslagen anderer erfahren

Alter
5 bis 6 Jahre

Gruppengröße
KG

Dauer
mehrmals 30 Minuten

Materialien
- Mobiliar zum Aufbau eines »Fernsehstudios«
- mitgebrachte Gegenstände der Eltern

Sich über erlebte Wut anderer austauschen können

Das Buch »Schreimutter« zeigt: Nicht nur Kinder können ihrer Wut oft schlecht Herr werden, sondern auch die scheinbar so unerschütterlichen Erwachsenen. Dass auch bei Großen ein solches Verhalten ganz normal ist, erfahren Kinder, wenn sie bei dieser Aktion gezielt als Kinderreporter unter den Erwachsenen in ihrem Umfeld nachfragen: »Bist auch du manchmal Schreimutter/-vater?«

→ Vorbereitung

- Bereiten Sie die Eltern auf das Vorhaben vor, sie nach ihren wütenden Momenten zu befragen. Rechnen Sie mit Unsicherheiten bei diesem gerade für Familien mit vielen Konflikten brisanten Thema!

→ So geht's

- Stellen Sie den Kindern die Idee vor, eine »Fernsehsendung« mit Reportagen zum Thema »Wut« zu machen, bei der die Kinder wie im echten Fernsehen – etwa bei »Logo« – kurze Reportagen vorstellen, für die sie in Gruppen etwas herausfinden sollen. Thema sind Erlebnisse, in denen die eigenen Eltern (oder die Erzieher/innen) jetzt oder in der Kindheit besonders wütend waren.
- Stellen Sie Techniken vor, mit denen Kinder in Gruppen oder allein dafür Beiträge machen können: Sie können die Eltern zu Hause befragen, um deren Geschichte zu erzählen. Zur Illustration können sie einen passenden Gegenstand mitbringen, der für die Wut der Eltern eine große Rolle gespielt hat, – oder ein Foto der Eltern als Kind. Möglich wäre auch, die Eltern einzuladen, ihre Geschichte in der Kita zu erzählen.
- Für den oder die Tage der Vorführung bauen Sie gemeinsam ein »Studio« mit Zuschauersitzplätzen und einem Bühnenplatz für die Vorführenden auf.

→ Abschluss

- Geben Sie den Kindern genügend Zeit, zu den vorgestellten Geschichten Fragen zu stellen: »Und wie ist deine Mama dann wieder fröhlich geworden?«. Bringen Sie sich zurückhaltend in diese Befragung ein, um die Neugier der Kinder anzustacheln, aber akzeptieren Sie deren Interesse an Diskretion.

Tipp

Keine Angst vor moderner Technik? Dann laden Sie Kinder ein, ihre Befragung per Smartphone, Digitalkamera oder Tablet zu dokumentieren, um sie in der Gruppe als Film vorzuführen.

Sich über erlebte Wut anderer austauschen können

Schreimutter benimmt sich ziemlich kindisch in ihrem Zorn und das Kind muss dieses ganz erwachsen aushalten. Vielleicht hilft ein Rollen-Tausch-Tag in der Kita oder zu Hause, um zu verstehen, warum auch Erwachsene manchmal ziemlichen Unsinn machen?

→ So geht's

- Stellen Sie die Idee für einen besonderen Tag in der Kita vor: Der »Groß-und-Klein-Vertauscht-Tag«! An diesem Tag übernehmen die Kinder die Rolle der Erwachsenen – und die Erzieher/innen (und mitspielende Eltern?) können sich ganz kindlich geben. Den Beginn des Tages können Sie zunächst im Morgenkreis eher gedanklich durchspielen, auch um die Kinder für die Idee zu begeistern: Was ändert sich, wenn die Kinder plötzlich nach dem Aufwachen merken, dass sie die »Großen« sind – in Bezug auf das Anziehen, Frühstücken, Losgehen?

- Besonders lustig dürfte es sein, die Rollen in der Einrichtung zu vertauschen, wenn Sie sich nur ungern vom Spiel zum Angebot abholen lassen oder nicht aufessen wollen. Im Sinne der Geschichte haben natürlich Momente besonderen Wert, in denen die Erzieher als »Kinder« von ihren neuen Betreuern kaum zu besänftigen sind.

- Vereinbaren Sie am besten Zeitrahmen für das Spiel, um für Momente, in denen es ohne »echte« erwachsene Führung nicht geht, gewappnet zu sein: »Wenn der Wecker klingelt, ist der Vertausch-Zauber beendet«. Günstig ist es auch, vor dem Spiel eine Gruppe »Ober-Erzieher« auszuwählen, damit das Kinder-Team nicht zu groß wird. Die überzähligen Kinder könnten entweder Hausmeister und besuchende Eltern spielen oder sie spielen ihre übliche Kinderrolle, bis sie in der Erzieherrolle an der Reihe sind.

→ Abschluss

- Sprechen Sie mit den Kindern über lustige und auch nachdenklich machende Momente, in denen Erwachsene sich eher wie Kinder benahmen. Lassen Sie die Kinder über die guten und schwierigen Seiten dieses Herausfallens aus der gewohnten Rolle nachdenken.

Wenn die Großen die Kleinen wären …

Ziele
- → sich in andere Menschen hineinversetzen
- → erlebte Konflikte im Spiel bearbeiten und reflektieren

Alter
3 bis 6 Jahre

Gruppengröße
KG, GG

Dauer
je nach Interesse der Kinder für einige Stunden oder über mehrere Tage

Materialien
- → übliches Spielmaterial
- → evtl. 1 Wecker

Die Gewitter-Massage

Ziele
- eine Geschichte in eine Massage übersetzen
- etwas tun, was einem anderen guttut

Alter
4 bis 6 Jahre

Gruppengröße
KG

Dauer
15 Minuten

Materialien
- Matratze oder Decke für Massageraum

Über Vergeben und Verzeihen nachdenken

Die Wut anderer erlebt man oft wie ein Gewitter: Sie scheint plötzlich aufzuziehen, sich immer schlimmer zu entladen – und weicht dann plötzlich dem Sonnenschein. Bei der dadurch inspirierten Gewitter-Massage geht es darum, das Auftauchen und Verschwinden der Wut erfahrbar zu machen – und gleichzeitig wohltuende körperliche Nähe zu zeigen.

→ Vorbereitung

- Bereiten Sie mit den Kindern den »Massageraum« mit Decken oder Matratzen vor, regeln Sie, wer wen wann massiert. Erklären Sie, was beim Massieren zu weit geht (zu heftiges Klatschen, Bearbeiten der Wirbelsäule etc.).

→ So geht's

- Besprechen Sie zu Beginn mit den Kindern, was die Wut und ein Gewitter alles gemeinsam haben – vom ersten Poltern über den Riesenkrach bis zur Beruhigung am Schluss. Stellen Sie die Idee der Gewitter-Massage unter Ihrer Anleitung vor.

- Beginnen Sie mit einem Sonnentag (sanftes Streicheln), bei dem plötzlich mehr und mehr Wolken den Himmel bedecken (Herumwandern der Hände mit höherem Druck). Lassen Sie die Kinder beim ersten Donnergrollen mit den Fäusten trommeln – aber nicht zu stark! – um beim Blitz mit schneller Bewegung die Hände über den ganzen Körper sausen zu lassen – bis zu Fingern oder Fußspitzen. Klar, dass der einsetzende Regen mit Fingerklopfen dargestellt wird und zum Wolkenbruch wird (klatschende Hände), bis am Ende die Sonne unter sanften Streichelbewegungen wieder auftaucht.

Über Vergeben und Verzeihen nachdenken

Strafen für Wutanfälle helfen Kindern nicht und sind pädagogisch falsch. Dagegen sind »Strafarbeiten« kleine Aufträge, mit denen die Kinder sich – aus eigenem Interesse – bei der Gruppe dafür revanchieren können, dass diese ihre Wut ausgehalten hat …

Der Gut-statt-Wut-Korb

Ziele
- eigene Stärken zeigen können
- nachdenken, wie das eigene Verhalten auf andere wirkt

Alter
4 bis 6 Jahre

Gruppengröße
GG

Dauer
je nach Vorschlag

Materialien
- 1 Körbchen
- etwa 20 Kärtchen
- Stifte

→ Vorbereitung

- Wer seine Wut nicht zähmen kann, zeigt sich den anderen in der Gruppe von der denkbar schlechtesten Seite. Folge davon ist gerade bei kleinen Kindern oft Geringschätzung durch die anderen, was schnell zum Teufelskreis führt: Wer wütend ist, wird zum Außenseiter und wird dadurch erst recht wütend … Insofern ist es wichtig, dass der – ehemalige – Wüterich Gelegenheit bekommt, sich wieder von seiner besseren Seite zu zeigen, indem er der Gruppe etwas Gutes tut.

- Sammeln Sie eine Reihe von Ideen, wie Kinder etwas Schönes für die Gruppe tun können, ohne dass das nach Strafe aussieht: Das könnte ein kleiner Vortrag über ein besonderes Hobby sein, eine kleine Vorführung, ein freiwillig übernommener Massage-Dienst, eine Spiel-Anleitung, das Kellner-Spielen beim Frühstück …

- Wählen Sie anfangs fünf solcher Aufgaben aus, schreiben Sie diese auf ein Kärtchen, malen Sie ein für Kinder verstehbares Symbol dazu, bewahren Sie die Kärtchen verdeckt in einem Korb auf.

→ So geht's

- Ist ein Kind nach einem schweren Wutanfall zur Ruhe gekommen, bieten Sie ihm an, eine Aufgabe aus dem Gut-statt-Wut-Korb zu ziehen. Lassen Sie es mehrfach ziehen, falls ihm die zunächst gezogene Aufgabe nicht zusagt. Bieten Sie Hilfe bei der Bewältigung der Aufgabe an, verabreden Sie, wann der richtige Zeitpunkt dafür ist. Und vermeiden Sie strikt, das Ziehen einer Aufgabe zu verlangen – diese Wiedergutmachung ist rein freiwillig und soll aus dem eigenen Bedürfnis heraus, als positiv wahrgenommen zu werden, gewählt werden.

→ Abschluss

- Besprechen Sie im Kreis, wie den Kindern die angebotenen Aufgaben gefallen oder welche sie stattdessen wünschen. Machen Sie ihnen klar, dass das Erledigen keine Pflicht ist. Bieten Sie an, Aufgaben auch ohne vorherigen Wutanfall übernehmen zu können.

Der große Sorgen-Fresser

Ziele
- eigene Gefühle für sich und andere benennen können
- ein einfaches, benutzbares Objekt bauen

Alter
4 bis 6 Jahre

Gruppengröße
KG, GG

Dauer
30 Minuten

Materialien
- 1 Pappkarton
- 2 Klopapierrollen
- Schere oder Cutter
- Klebstoff
- Temperafarbe
- Pinsel

Ideen entwickeln, wie man Nöte bewältigt

Es kann Kinder tief traurig machen, wenn sie ihre Eltern plötzlich nur noch als Schreihälse erleben, gerade wenn dieses eher Regel als Ausnahme ist. Um solche Nöte loswerden zu können, kann ein »Sorgen-Fresser« symbolisch Hilfe leisten – oder Anlass zum Gespräch werden.

→ So geht's

- Weiche, kissenartige Sorgen-Fresser kennen die Kinder wahrscheinlich schon aus dem Spielzeugladen. Ihr Bauvorhaben wird eher kantig und hart, hat aber dafür zwei besonders große Ohren und einen Mund als Einwurfschlitz für Briefe. Zum Bau stellen Sie einen rechteckigen Pappkarton auf die Stirnseite und zeichnen danach einen Mund auf die Vorderseite. Diesen können Sie zunächst horizontal mit dem Messer einstechen und aufschneiden lassen, um dann durch vertikale Schnitte mit der Schere Zähne anzudeuten. Von einer Klopapierrolle können Sie zwei Scheiben abschneiden, die als Augen aufgeklebt werden. Die zweite Rolle schneiden Sie für die Kinder diagonal durch, um damit zwei Ohren zu erhalten. Vor deren Ankleben können Sie noch an die vorgesehene Stelle Löcher in Kopf des Sorgen-Fressers schneiden lassen, damit hineingeflüsterte Sorgen auch bis ins Innerste dringen.

- Bunt wird das freundliche Wesen durch Bemalung in kräftigen Temperafarben oder Aufkleben von flauschigen Stoffresten. Geben Sie ihm einen Platz in einer ruhigen Ecke, damit Kinder ihm Sorgen ins Ohr flüstern oder kleine Zettel ins Maul stopfen können. Laden Sie die Kinder ein, sich nach diesem Prinzip Geschwister des Sorgen-Fressers für daheim zu bauen.

→ Abschluss

- Führen Sie ab und zu eine »Sorgen-Fresser-Runde« durch, bei welcher der Bauch geleert wird. Laden Sie die Kinder ein, hineingesteckte oder -geflüsterte Sorgen, wenn das nicht geholfen hat, mit Ihnen und den anderen zu besprechen.

Ideen entwickeln, wie man Nöte bewältigt

Über manche Probleme – wie Eltern, die nicht nur ab und zu zum Schreihals werden – zu sprechen, tut Kindern eine besondere Gesprächssituation gut. So wie diese »Sternstunde«, die sich vom üblichen Morgenkreis in vielerlei Hinsicht unterscheidet.

→ Vorbereitung

- Reservieren Sie im Wochenablauf eine Zeit – am besten nachmittags – für eine Zusammenkunft mit einer kleineren Gruppe Kinder. Richten Sie zu diesem Zeitpunkt eine Raumecke als besonderen Erzählort her, vielleicht dem Sternen-Motiv entsprechend: Dazu könnte ein über die Ecke gespanntes Tuch – mit oder ohne Lichterkette – als »Himmel« passen oder in Sternform ausgelegte Matratzen, auf denen die Kinder mit den Köpfen zueinander Platz nehmen können. Schöne Dinge sollten in der Mitte der Runde bereitliegen: LED-Kerzen, ein Getränk, Sternenkekse … Halten Sie mehrere Gesprächs-Sterne bereit, die sich die Kinder wie Erzählsteine nehmen können, um zu »reservieren«, dass sie heute etwas erzählen wollen.

→ So geht's

- Berichten Sie den Kindern beim ersten Mal, dass bei der Sternstunde Zeit ist, Dinge zu erzählen, »die uns traurig oder nachdenklich machen«. Sie sollten ein Beispiel geben, indem Sie den Anfang machen und eine Geschichte aus Ihrem Leben erzählen, wo es Ihnen nicht gut ging, Sie über etwas enttäuscht, traurig oder unsicher waren. Erklären Sie den Kindern, dass sie sich einen »Erzählstern« nehmen dürfen, wenn sie selbst etwas erzählen möchten – von sich, aber auch eine gehörte Geschichte. Lassen Sie dann das jeweilige Kind erzählen, fragen Sie es danach, ob Sie oder die anderen Kinder Nachfragen stellen dürfen. Fragen Sie sehr vorsichtig nach, wenn Ihr Eindruck ist, dass dem Kind eine Thematisierung des Angesprochenen bei den Eltern helfen könnte.
- Vermeiden Sie es, berichtete Konflikte aus der Kita gleich zu klären, um den stillen Charakter der Sternstunde nicht zu zerstören. Fragen Sie stattdessen: »Sollen wir beim nächsten Morgenkreis darüber sprechen?«

→ Abschluss

- Schließen Sie die Runde mit einer – erzählten oder vorgelesenen – fiktiven Geschichte ab. Diese in petto zu haben, ist auch für all die Sternstunden gut, in denen niemand etwas zum Erzählen beizutragen hat.

Nicht schnuppe: Sternstunden

Ziele
- → schwierige Situationen besprechen
- → Empathie füreinander entwickeln

Alter
3 bis 6 Jahre

Gruppengröße
KG

Dauer
25 Minuten

Materialien
- → diverse LED-Kerzen
- → diverse Matratzen
- → Tee und Sternenkekse
- → Sterne aus unterschiedlichem Material

DER GROSSE BÖSE BILL

»Jeden Morgen ging der große böse Bill am Gemüseladen vorbei und klaute einen Apfel, und jeden Morgen tat der Gemüsehändler so, als hätte er nichts bemerkt.«

Zitat aus: Der große böse Bill

Ist das ein böser Mann?« Kindergartenkinder wissen zwar schon, dass jeder mal lieb und dann wieder böse sein kann, glauben aber in aller Regel auch an das absolute Böse, also den Menschen, von dem man sich einfach fernhalten muss. Der große böse Bill bringt diese Kindervorstellung auf den Punkt: Seine Gemeinheit zeigt sich nicht nur an seinem Hang zu fiesen Witzen, sondern auch an geradezu provokativen Diebstählen – direkt vor den Augen des Besitzers! – und dem Quälen von Kindern. Bill scheint zunächst ein abscheulicher Mensch zu sein.

Aber kann jemand »einfach nur böse« sein? In der Geschichte vom bösen Bill zeigt sich den Kindern, dass dieser selbst offenbar kindliches Opfer von schlechter Behandlung war, was seinen Charakter prägte. Bill spielt als Erwachsener offenbar das nach, was er selbst erlebt hat.

Ziemlich raffiniert – und sogar ebenfalls etwas durchtrieben – ist der Trick, mit dem die Kinder den bösen zum guten Bill machen: Erst erschrecken und demütigen sie ihn als nachgeahmte Eltern, um ihm dann helfend beizustehen – und damit den Dank des nun wieder zum Opfer gewordenen Bills zu ernten.

Drei wichtige Gedanken sollen mit den Aktionen zur Geschichte des Bilderbuchs vermittelt werden. Erstens: Menschen sind nicht »an sich böse«, sondern treten manchmal nur so auf – etwa durch bestimmte Gesten und entgrenztes Verhalten, wie es Bill tut. Zweitens: Menschen zeigen »böses« Verhalten oft deshalb, weil sie selbst ungerecht, gemein oder achtlos behandelt wurden. Drittens: Oft hilft es, nur oberflächlich »bösen« Menschen mit Verständnis zu begegnen, damit sie ihre »bessere« Seite zeigen können.

Stampfen wie Bill

Ziele
- über Körpersprache nachdenken
- Spaß am Bewegen empfinden

Alter
5 bis 6 Jahre

Gruppengröße
KG, GG

Dauer
15 Minuten

Materialien
- Bilderbuch »Der große böse Bill«
- mehrere Kissen
- Platz zum Laufen

An Bill verstehen, warum aggressive Menschen uns Angst machen

Angst vor Bill haben die Menschen in seinem Umfeld wohl aufgrund seines wichtigtuerischen Auftretens. Bei dieser Aktion geht es darum, herauszufinden, warum manche Menschen auf uns durch ihre Körpersprache Respekt einflößend wirken.

→ So geht's

- Betrachten Sie die Abbildungen von Bill, bevor und nachdem er »erschreckt« wurde. Lassen Sie die Kinder seine Körperhaltung und seinen Gesichtsausdruck genau betrachten, beschreiben und nachahmen. Inspirieren Sie die Kinder, zur Nachahmung von Bills aufgeplusterter Körperhaltung ein Kissen unter das T-Shirt zu stopfen und betont wichtig daherzustampfen.
- Testen Sie: Wie fühlt es sich an, wenn einer so umherschreitet und alle, die im Weg sind, anknurrt? Und was verändert sich, wenn plötzlich nur noch aufgeplusterte Bills herumstampfen und sich gegenseitig mit ihren Kissen-Oberkörpern wegzuschubsen versuchen?
- Probieren Sie als Kontrast gegenläufige Körperhaltungen aus: Wie gehen ängstliche, traurige, lustige Menschen?

→ Abschluss

- Überlegen Sie gemeinsam: Was kann man jemandem entgegenhalten, der so wie Bill mit seiner Körpersprache versucht, andere zu dominieren? Erproben Sie im Rollenspiel, was man zu solchen Wichtigtuern sagen kann.

Da hat doch wer geklaut?

Ziele
- → Wahrnehmung trainieren
- → über Recht und Unrecht nachdenken

Alter
4 bis 6 Jahre

Gruppengröße
GG

Dauer
25 Minuten

Materialien
- → 1 Stoffbeutel oder Kissenbezug
- → alle Gegenstände im Gruppenraum

An Bill verstehen, warum aggressive Menschen uns Angst machen

Bill klaut – für Kinder ein ambivalentes Thema. Beklaut zu werden, ist schlimm und macht traurig wie wütend. Andererseits fällt es Kindern im Kita-Alter oft noch schwer, besonders attraktive Dinge nicht »mitgehen zu lassen«. Im folgenden Spiel kommen beide Seiten des Klauens zum Zuge.

→ So geht's

- Stellen Sie das Spiel vor, bei dem geschickte »Diebe« und ebenso geschickte Detektive miteinander wetteifern: Je ein Kind der Gruppe darf in einem Raum einen oder mehrere markante Gegenstände »klauen«, während der Rest der Gruppe sich wegdreht und die Augen schließt oder den Raum verlässt. Die geklauten Dinge können in einem Stoffsack – geeignet ist ein Kissenbezug oder Stoffbeutel – versteckt werden. Aufgabe der Detektive ist es, herauszufinden, was fehlt. Wer am meisten herausfindet, darf nun »böser Bill« sein.

- Lassen Sie nach einigen Spielrunden probeweise einen »guten Bill« agieren, der schöne Dinge – kleine Überraschungen, nette »Geschenke« oder eine Leckerei – im Raum an unauffälliger Stelle platziert.

→ Abschluss

- Sprechen Sie mit allen »Bills« über die Freude am Heimlichtun und mit allen Kindern darüber, wie es sich anfühlt, wenn einem geliebte Dinge weggenommen werden. Sprechen Sie auch mögliche Gründe an, warum manche Menschen klauen (Armut, Neid, Hunger …) – und welche Alternativen es dafür gäbe.

Unter der bösen Maske

Ziele
- ein ästhetisches Objekt herstellen
- über mimischen Ausdruck nachdenken

Alter
5 bis 6 Jahre

Gruppengröße
KG, GG

Dauer
30 Minuten

Materialien
- je Objekt 1 Masken-Rohling (Bastelladen) oder selbst gefertigte Papier-Masken
- Flüssigkleber
- diverse Filzstifte
- diverse Temperafarben, Pinsel
- Dekomaterial, wie Federn, Stofffetzen, Pfeifenreiniger, Papierschnipsel

An Bill verstehen, warum aggressive Menschen uns Angst machen

Wie ist es wohl, wenn man selbst der Böse ist? Spielerisch können die Kinder bei diesem Maskenbau erproben, wie es ist, wenn man wie Bill von anderen gefürchtet wird – ein unangenehmes, aber stellenweise auch reizvolles Gefühl.

→ Vorbereitung

- Beschaffen Sie im Bastelladen Masken-Rohlinge (also weiße, beklebbare Masken, die nur aus Augenumrandung und Nase sowie Halteschnur bestehen). Oder stellen Sie eine Masken-Vorlage her – oval, in der Mitte Augen, ein Nasenloch vorgezeichnet sowie eingezeichnete Punkte für die Halteschnur), die Sie auf festes Papier kopieren und von den Kindern zurechtschneiden lassen.

→ So geht's

- Sprechen Sie darüber, wie es sich wohl anfühlt, wenn alle anderen vor einem Angst haben. Stellen Sie die Blanko-Masken vor, schlagen Sie vor, daraus nun eine besonders böse Maske herzustellen. Überlegen Sie mit den Kindern, wodurch man besonders böse, grimmig, gefährlich aussieht. Zeigen Sie, wie man eine entsprechende Mimik (in der Mitte heruntergezogene Brauen, zur Mitte hin verengte Augen) zeichnen kann. Regen Sie an, die Masken wie die Gesichter wilder Tiere zu bemalen und zu bekleben oder mit von Ihnen bereitgestellten Materialien zu gestalten.
- Spielen Sie mit den fertigen, »bösen« Masken Fangen – nach üblichen Regeln, mit Freischlagen. Oder ein Versteckspiel, bei dem die versteckten Kinder als »Böse« die Maske tragen. Lassen Sie die Kinder dabei die Rolle wechseln, sodass jeder »Böser« und »Guter« war.

→ Abschluss

- Sprechen Sie darüber, wie es sich jeweils angefühlt hat, vom »Bösen« verfolgt zu werden und diesen beim Verstecken aufzuspüren. Wie es andersherum ist, als »Böser« gefürchtet zu werden – und im Versteck auszuharren. Fragen Sie, wie es sich wohl für Bill anfühlt, als »Böser« gefürchtet zu werden – mächtig oder einsam?

An Bill verstehen, warum aggressive Menschen uns Angst machen

Das Witzeerzählen scheint für den bösen Bill eine besondere Freude zu sein. Kein Wunder, denn Witze können manchmal ziemlich gemein sein. Andererseits natürlich auch lustig – und im Kita-Alter deswegen zum ersten Mal richtig interessant. Es bietet sich an, das Thema für die Ältesten aufzugreifen, indem man Witze als Sketch erzählt.

→ So geht's

- Sprechen Sie mit Kindern über Witze, die sie kennen. Laden Sie sie ein, zum nächsten Tag Witze mitzubringen: entweder indem sie diese erzählen oder in Form von mitgebrachten Texten. Bringen Sie selbst ein Buch mit einfachen, für Kinder verstehbaren Witzen mit. Lesen Sie ein paar Witze vor, ergründen sie gemeinsam, was daran jeweils so lustig ist. Berücksichtigen Sie dabei, dass kleine Kinder andere Momente im Witz lustig finden können als die eigentliche Pointe.

- Schlagen Sie vor, einige als besonders gut empfundene Witze nachzuspielen. Besprechen Sie, welche Darsteller es dafür braucht, und ob ein Sprecher dafür nötig ist. Schlagen Sie vor, sich entsprechend zu verkleiden und wichtige Requisiten zu beschaffen. Richten Sie eine einfache Bühne her, aus Zuschauerplätzen und einem Bühnenbild, vielleicht aus Großbausteinen.

- Lachen Sie zusammen – und kommen danach noch einmal auf das Buch zurück: Welche Witze erzählt wohl jemand wie Bill, die zumindest für manche nicht zum Lachen sind? Kennen die Kinder Witze, die jemand überhaupt nicht gut fand?

→ Abschluss

- Laden Sie andere Gruppen oder die Eltern zum Comedy-Nachmittag ein – am besten mit selbst gemachtem Popcorn und Ansager auf der Bühne!

Witz, komm raus!

Ziele
- → Texte szenisch umsetzen
- → über Humor nachdenken

Alter
5 bis 6 Jahre

Gruppengröße
GG

Dauer
30 Minuten

Materialien
- → Witz-Bücher
- → Verkleidung, Requisiten
- → evtl. Großbausteine

Erzähl mir was vom kleinen Bill!

Ziele
- Empathie für »schwierige« Mitmenschen entwickeln
- Ursachen von Verhalten verstehen

Alter
4 bis 6 Jahre

Gruppengröße
KG, GG

Dauer
20 Minuten

Materialien
- Bilderbuch »Der große böse Bill«
- Malpapier mit vorbereitetem Rahmen
- Stifte

Verstehen, warum Menschen »böses« Verhalten zeigen

Wie wird jemand eigentlich »böse«? Die Bilder in Bills Wohnzimmer zeigen, dass Bill keine netten Eltern hatte und viel einstecken musste, bevor er selber mit dem Austeilen begann. Bei dieser Aktion sollen die Kinder den früheren »lieben«, kleinen Bill kennenlernen – in eigenen Fantasiegeschichten.

→ Vorbereitung

- Stellen Sie Malblätter her, die ähnlich wie die Bilder in Bills Wohnzimmer einen verschnörkelten Rahmen tragen – selbst gezeichnet oder unter Verwendung entsprechender Vorlagen aus dem Internet.

→ So geht's

- Betrachten Sie die Bilder von Bill und seinen Eltern genau, lassen Sie die Kinder mutmaßen, welche Szenen darauf zu sehen sind. Fragen Sie, ob Bill damals wohl schon »böse war« oder ob es sein kann, dass er erst durch seine Erfahrungen so geworden ist.
- Haben die Kinder diesen Gedanken begriffen, dass ein »Böser« durchaus ein liebes, ängstliches Kind gewesen sein kann, können Sie diese einladen, Geschichten vom kleinen Bill zu erzählen. Sammeln Sie zunächst Ideen, um dann die Kinder einzuladen, auf den vorbereiteten Rahmen ihre »Bill-von-früher-Fantasie« aufzumalen.
- Denken Sie sich ein einfaches Ritual für die Vorstellung dieser Bilder aus, etwa mit einem wiederkehrenden Satzanfang, den Sie ruhig bei der Vorstellung eines eigenen einfachen Bill-Bildes einführen können: »Als der große, böse Bill noch ein ganz kleiner, lieber Bill war, da …«

→ Abschluss

- Sprechen Sie mit den Kindern über »böse« Menschen in ihrer Umwelt und überlegen Sie, was diesen in ihrer Kindheit widerfahren sein könnte.

Tipp

Wichtig ist es, zu vermitteln, dass auch wenn es für das Fehlverhalten »böser« Erwachsener verstehbare Gründe gibt, es nichts an der Unangemessenheit ihres Verhalten ändert – erst recht nicht an dessen Gefährlichkeit. Klären Sie Kinder auf, dass man sich vor manchen »bösen« Menschen einfach vorsehen muss – trotz allem Mitleid.

Riesenfiguren für kleine Helden

Ziele
- sich mit menschlichen Proportionen beschäftigen
- ein Objekt nach Anleitung bauen

Alter
4 bis 6 Jahre

Gruppengröße
KG

Dauer
30 Minuten

Materialien
- 2–4 Schaumstoff-Isolierungen für Heizungsrohre je Figur (Baumarkt)
- 1 Paket Schaschlikstäbe
- 1 großer Luftballon
- 1 Eimer Kleister (angerührt)
- Stapel Papier (gebraucht)
- diverse Temperafarben und Pinsel
- 1–2 Rollen Klebeband, ein- und doppelseitig
- Hemd, Hose aus der Altkleidersammlung

Verstehen, warum Menschen »böses« Verhalten zeigen

Bill kennt keine Angst – außer die vor seinen gemeinen Eltern. In der Geschichte verkleiden sich die Kinder deswegen als Bills Eltern, indem sie riesige Figuren bauen. Nun fürchtet sich Bill – und erinnert sich wohl auch an eigene Demütigungen. Mit der bei dieser Aktion entstehenden »Riesen-Figur« kann dieser Moment nachgespielt und damit nacherlebt werden.

→ So geht's

- Stellen Sie den Kindern die Idee und das Material für Riesen-Figuren vor: Für den langen Körper verwenden Sie die leichten, aber stabilen Schaumstoff-Isolierungen für Heizungsrohre, die sich mithilfe von Schaschlikstäben schnell zu einer Figur verbinden lassen: Ein Rohr als Rückgrat, das andere quergelegt als Schulter mit Armen, verbunden mit dem durchgepikten Stab und zusätzlicher Umwicklung mit Klebeband. Wer mag, kann noch auf ähnliche Weise zwei Beine rechts und links an das Rückgrat-Rohr anpiksen – wieder mit Stab und Klebeband.

- Für den Kopf bietet sich die bewährte Ballon-Kaschier-Technik an: Dazu blasen Sie einen Luftballon auf, stellen diesen auf eine Halterung (Öffnung eines Eimers) auf den Tisch und bekleben diesen nun mit zuvor in Kleister getauchten Papierschnipseln, bis der Ballon unter mehreren Schichten Papier verschwunden ist. An einem warmen Ort über Nacht trocknen lassen, um nun den Kopf mit Temperafarbe bemalen zu können und eventuell mit kurz in Kleister getauchten Wollfäden zu behaaren.

- Bekleiden Sie Ihre Figur wie eine Vogelscheuche, setzen Sie dann den Kopf auf – Schaschlikstab durch Rohrisolierung und Ballonende pieksen, zusätzlich mit Klebeband verbinden – und testen Sie, wie sich die leichte Figur, von unten gehalten, führen lässt.

→ Abschluss

- Spielen Sie mit Ihrem Riesen die Geschichte nach: Zwei Kinder führen ihn im Raum spazieren – und »erschrecken« einen »Bill« ganz furchtbar. Vielleicht denken sich die Kinder aber auch Sätze aus, die sie als »böser Bill« an diese Figuren richten könnten – »Warum schimpft ihr immer so viel mit mir?«

Völlig verknotet!

Ziele
→ neue Bewegungsformen erproben

Alter
2 bis 6 Jahre

Gruppengröße
KG, GG

Dauer
30 Minuten

Materialien
→ weiche Seile

IDEEN ZUM UMGANG MIT AGGRESSIVEM VERHALTEN ENTWICKELN

Gemein – Bill macht in das Seil tausend Knoten! Wie man diese wieder aufbekommt – und was ein Knoten mit Zusammenhalt zu tun hat – wird bei dieser Knoten-Aktion erprobt.

→ SO GEHT'S

- Spielen Sie Menschen-Knäuel mit den Kindern! Dafür fordern Sie die Mitspieler auf, sich stehend dicht aneinander zu drängeln, um auf ein Kommando »Verknotet euch!« schnell die beide Hände mit den Händen zweier Nachbarn zu verschränken. Folge ist ein unbequemes Durcheinander, das jedoch durch einen Entknoter – in der ersten Runde am besten Sie – entwirrt werden kann, indem die Kinder, ohne ihre Hände loszulassen, über- und untereinanderkriechen, bis sie schließlich in einer überraschend klaren Reihe stehen. Je mehr Kinder an diesem Spiel teilnehmen, umso schwieriger wird das Entknoten – aber umso größer die Freude über das Ergebnis!

→ VARIATION

- Tau entknoten: Bei diesem Knoten-Spiel bringen Sie in einem Tau zwei bis drei Knoten an. Alle mitspielenden Kinder halten sich nun stehend am Seil fest – und dürfen dieses nicht loslassen, während sie versuchen, den Knoten wieder zu lösen.

- Entfesselungskünstler: Kinder lieben es, von anderen an einen Stuhl gefesselt zu werden, um sich selbst wieder zu befreien oder vom anderen befreien zu lassen. Stoppen Sie die Zeit, die mutige Entfesselungskünstler brauchen. Sprechen Sie abschließend über die Gefühle des gefesselten Kindes.

Ideen zum Umgang mit aggressivem Verhalten entwickeln

Welch ein Dilemma: Der Ball der Kinder landet ausgerechnet auf dem Balkon des bösen Bill. Und diesem Wüterich wollen die Kinder nicht näher als nötig kommen! Das Bild regt zum Nachdenken an: Was könnte man sich ausdenken, um den Ball von dort zurückzuholen?

→ So geht's

- »Komm, wir spielen die Sache mit dem Ball nach!«: Deponieren Sie dafür einen Ball an einem erhöhten Punkt in Raum oder Garten (Regal, Astgabel), wo die Kinder nicht drankommen. Rufen Sie einen Ideenwettbewerb aus: Wer schafft es, den Ball von dort herunterzuholen? Weisen Sie auf ihr Materialangebot hin – und auf die Nutzbarkeit anderer Dinge, um eine Ball-Hol-Maschine (oder eine Art Treppe?) zu bauen. Lassen Sie die Kinder ihre Ideen in kleinen Gruppen entwickeln. Rufen Sie nach der vereinbarten Erfinde-Zeit alle Kinder zusammen, damit jede Gruppe ihren Weg zum Ball vorstellen kann.

→ Abschluss

- Im wirklichen Leben kann der eigene Ball aus Nachbarsgarten natürlich nicht mit Ball-Hol-Gerät oder dem Besuch in fremden Wohnungen zurückgeholt werden. Sprechen Sie durch, welche Worte die Kinder wählen können, um bei einem echten Bill die Herausgabe eines Balls vom Balkon zu erbitten – und was dabei zu beachten ist.

Gesucht: Rankommer-Tricks

Ziele
- → Erfindungsreichtum beweisen
- → ein technisch anspruchsvolles Objekt bauen

Alter
4 bis 6 Jahre

Gruppengröße
GG

Dauer
20 Minuten

Materialien
- → 1 kleiner Ball
- → diverse lange Stäbe
- → 2–3 Kabelbinder
- → 1 Rolle Klebeband
- → 1 Rolle Blumendraht
- → diverse Plastikschaufeln

SO WAR DAS! NEIN, SO! NEIN, SO!

»›Wenn ihr euch nicht zuhört, könnt ihr einander nicht verstehen‹, murmelte das Eichhörnchen.«

Zitat aus: So war das! Nein, so! Nein, so!

Ich will gar nicht wissen, wer angefangen hat!« – »Der Klügere gibt nach!«: Sooft wir solche Sätze zu Kindern sagen, ändert das kaum etwas an deren Bedürfnis, entstandene Konflikte detailliert aufzuarbeiten, um die eigene Unschuld zu beweisen. Kein Wunder – auch Erwachsene haben in der Regel Schwierigkeiten, sofort ihr Verschulden an einem Konflikt einzusehen. Meistens lohnt es weder bei Groß noch Klein, in einem Konflikt nach dem »Schuldigen« zu suchen, ergibt sich doch die Eskalation oft aus Zufällen, Missverständnissen und Überinterpretationen des Verhaltens der anderen Beteiligten.

Im Buch »So war das! Nein, so! Nein, so!« wird ein Streit um einen eingestürzten, selbst gebauten Turm – Alltag in jeder Kita – von den beteiligten Tieren detailliert und sehr authentisch aufgearbeitet: Wie bei einem Verkehrsunfall legt dabei jedes Tier eine völlig unterschiedliche Sicht auf den Hergang – und die eigenen, immer löblichen Absichten dar: Man wollte beim Bau helfen, wurde unversehens angegriffen, wollte einem Freund beistehen. Auch als das Eichhörnchen sich mit einer objektiven Sichtweise einbringt, ist der verworrene Hergang kaum zu verstehen, klar ist nur: Keiner wollte jemandem etwas Böses. Zwei Auswege zeigt das Buch auf: Der direkte Ausweg ist wohl, die Sache auf sich beruhen zu lassen und lieber gemeinsam ein neues Spiel zu beginnen. Etwas ferner liegt die Lösung, den Konflikt vor der Eskalation mit Worten zu regeln: »Du darfst ja mitmachen, Fuchs, aber bitte frag vorher!« oder »Tut mir leid, dass der Turm umgekippt ist und ich dich versehentlich geschubst habe!« wären geeignete Sätze dafür gewesen.

In den hier vorgestellten Aktionen geht es einerseits darum, handhabbare Vorschläge zur Beilegung von alltäglichen Konflikten zu entwickeln – und andererseits bei durch das Tun der Tiere inspirierten Spielen zu erfahren, wie gut es ist, mit Freunden etwas gemeinsam anzugehen.

Kaputt machen und kaputtlachen

Ziele
- Lust am destruktiven Tun in ungefährlicher Weise erleben
- sich mit Statik beschäftigen

Alter
4 bis 6 Jahre

Gruppengröße
KG

Dauer
30 Minuten

Materialien
- 2–3 Putzschwammsets
- 1–2 Schaumstoff-Isolierungen für Heizungsrohre, in Stücke zerteilt
- evtl. 1 Paket Zahnstocher
- diverse kleine Bälle mit verschiedenem Gewicht (Tischtennisball, Gummiball, geknüllte Papierkugeln)

An den Streit-Tieren verstehen, wie Konflikte in Gruppen entstehen

Was jemand gebaut hat, darf man nicht kaputt machen, lautet – zu Recht – ein ehernes Gesetz in der Kita. Es sei denn, derjenige hat es extra dafür gebaut, um es selbst oder durch andere zerstören zu lassen – wie diese fragilen Bauten für eine Ball-Schlacht!

→ So geht's

- Alles kaputt machen wie der Fuchs mit seinem Schweif – das erleben Kinder entweder als ausgesprochen gemein – wenn andere ihre Bauwerke zerstören – oder auch als sehr lustvoll – wenn sie selbst zerstören dürfen. Stellen Sie den Kindern Ihren Vorschlag vor, sich einmal gegenseitig mit etwas zum Kaputtmachen zu beschenken, um die Sache mit dem Zerstören auf ungewohnte Weise zu erleben: Dafür sollen kleine Gruppen an Kindern für andere ein Schloss, einen Turm oder eine Burg bauen, die auf möglichst eindrucksvolle Weise kaputt gemacht werden kann. Schwämme bieten sich als Baumaterial an, denn mit ihnen entstehen fragile und gefahrlos zusammenstürzende Mini-Bauten.

- Lassen Sie die Kinder mit und ohne Ihre Hilfe erproben, wie die preiswerten Putzschwämme zu Wänden im Verbundsystem gemauert werden können und wie gut Rohrisolierungs-Stücke als Burgturm aussehen. Regen Sie an, in einer begrenzten Zeit ein Bauwerk zu errichten, das dann durch eine andere Gruppe mit Ballwürfen zerstört werden darf. Anschließend wechseln Bau- und Zerstör-Gruppe.

→ Abschluss

- Sprechen Sie nach dem Spaß am Kaputtmachen darüber, ob es manchem auch schwerfiel, das eigene Gebäude zerstören zu lassen. Lassen Sie die Kinder zuletzt für ihre Gruppe – oder für die anderen – ein nicht zu zerstörendes Schwamm-Bauwerk errichten, bei dem zwischen die Schwämme ein Zahnstocher als Verbinder gepikt wird.

Tipp
Bauen und Zerstören geht im Sommer auch gut im Sand: mit hohen Sandburgen und Angreifern mit Wasserpistolen oder Blumenspritzen. Das endet – zur Freude aller – meist in einer Schlammschlacht!

An den Streit-Tieren verstehen, wie Konflikte in Gruppen entstehen

Du bist schuld! Nein, du!« Dass diese Diskussion, die unter den Bilderbuchtieren genauso wie unter Kindern ausgetragen wird, ziemlich unnötig ist, wird beim Spielen dieses lustigen Gruppenspiels schnell deutlich – vor allem, wenn darüber gesprochen wird.

→ So geht's

- Setzen Sie sich in einen Kreis. Führen Sie das Spiel, das aus einer immer wiederholten Satzfolge besteht, mit einem Kollegen/einer Kollegin vor. Dafür sprechen Sie den Satz: »Wer hat die Kekse aus der Dose geklaut?« – und zeigen auf Ihren Kollegen, um zu sprechen: »Jan hat die Kekse aus der Dose geklaut!« Dieser antwortet mit: »Wer ich?«, Sie sagen: »Ja, du!«, er antwortet: »Niemals!«, Sie fragen zurück: »Wer dann?«, worauf Jan auf ein Kind in der Runde zeigt und im Rhythmus des Sprechgesangs sagt: »Mia hat die Kekse aus der Dose geklaut!« Nach immer gleichem Prinzip wandert das Spiel nun durch die Gruppe der sitzenden Kinder. Achten Sie darauf, kein Kind zu vergessen – jeder soll einmal bezichtigt werden, die Kekse aus der Dose geklaut zu haben!

- Gut ist, nach dem Spielen noch etwas über die dargestellte Situation nachzudenken: Was waren das für Kekse, wo standen sie, hat sie wirklich jemand geklaut und warum war das so? Was könnte der Dieb tun, um die Sache wiedergutzumachen? Wer von den Kindern und Erwachsenen hat schon mal Kekse oder andere Süßigkeiten geklaut – und: War das schlimm?

→ Abschluss

- Probieren Sie aus: Wie reagieren die Kinder, wenn Sie das Spiel bei der »Aufarbeitung« eines mittelschweren Streits in angepasster Form einsetzen – etwa mit einem in der Sprachmelodie des Spiels aufgesagten »Wer hat den Turm in der Bauecke zerstört?« Vielleicht gelingt es den Kindern, einzusteigen, darüber zu lachen – und danach Raum für ein neues Spiel zu finden.

Ich? Nein, du!

Ziele
- → Kreisspiel erlernen
- → über die Bedeutung von Schuld nachdenken

Alter
4 bis 6 Jahre

Gruppengröße
GG

Dauer
20 Minuten

Materialien
- → Stuhl- oder Sitzkreis auf dem Boden
- → evtl. Kekse als Nachtisch

Bilder auf dem Boden

Ziele
- → ein Druckverfahren kennenlernen
- → eine neue Zeichentechnik erproben

Alter
4 bis 6 Jahre

Gruppengröße
GG

Dauer
30 Minuten

Materialien
- → Bilderbuch »So war das! Nein, so! Nein, so!«
- → 10 kg-Block Ton (Künstlerbedarf)
- → Messer oder Schneidedraht zum Tonabschneiden
- → Nudelholz oder Glasflasche
- → Unterlage
- → Schaschlikstäbe, Stricknadeln, andere dünne Stäbe
- → 2 Druckwalzen oder gebrauchte, hart gewordene Lackierrollen
- → flüssige Malfarbe
- → DIN-A4-Papier

Die Geschichte nacherleben und als Anlass für gemeinsame Aktivitäten nutzen

Ziemlich praktisch, wie das Eichhörnchen seine Geschichte erzählt: Mit einem Stock ritzt es in den Boden, was es erlebt hat. Bei dieser Aktion wird das Einritzen von Bildern aufgegriffen – und mithilfe eines Druckverfahrens entstehen daraus sogar Bilder, die nicht wieder verweht werden!

→ Vorbereitung

- Schneiden Sie von einem Tonblock etwa ein bis zwei Zentimeter große Scheiben ab, die Sie auf Arbeitsplatten bereitlegen und mithilfe eines Nudelholzes – oder einer Glasflasche – schön platt walzen.

→ So geht's

- Betrachten Sie das Bild vom malenden Eichhörnchen im Bilderbuch. Stiften Sie die Kinder zum Nachdenken an, mit welcher »Farbe« die Zeichnungen gemalt wurden: Es sind natürlich einfach nur Einritzungen mit einem Stück Holz.
- Stellen Sie die Idee vor, nun selbst Bilder zu ritzen – auf den Tonplatten, mithilfe von Holzstäben oder Stricknadeln. Lassen Sie die Kinder das Prinzip erproben, zeigen Sie ihnen auch, dass missfallende Versuche ganz einfach wieder »wegradiert« werden können, indem Sie die Tonplatte neu auswalzen.
- Führen Sie anhand eines eigenen Ritz-Bildes vor, wie dieses mithilfe der Farbwalze eingefärbt werden kann – Achtung: Nicht zu viel Druck ausüben! – um dann ein Papier aufzulegen. Über dieses walzen Sie mit einer dritten, sauberen Walze, um nun vorsichtig das Papier abzuziehen – und auf der Rückseite ein spiegelverkehrtes Abbild Ihrer Ritz-Zeichnung zu bewundern.

→ Abschluss

- Wenn den Kindern das Ritzen und Drucken gut gelingt, können diese versuchen, mit nummerierten Bildern wie im Buch comichafte, kurze Geschichten über Streits zu erzählen. Das macht Spaß, wenn mehrere Kinder dafür verantwortlich sind: »Ich mach Bild vier und ich weiß schon, was da passiert …!«

Mein Turm, dein Turm, unser Turm!

Ziele
- → mit Statik experimentieren

Alter
4 bis 6 Jahre

Gruppengröße
KG

Dauer
30 Minuten

Materialien
- → Steine – gefunden im Wald, am Strand, am Bach
- → evtl. Handschuhe
- → festes Schuhwerk
- → evtl. Fotoapparat

Bei gemeinsamen Aktivitäten den Wert des friedlichen Miteinanders erfahren

Kein Wunder, dass im Buch die Emotionen beim Bauen so hochkochen: Ehrgeizig ist das Vorhaben der drei Tiere, einen Turm aus krummen Steinen zu bauen. Es macht Lust, mit gefundenem Naturmaterial selbst Türme zu bauen, die nur mit äußerster Geschicklichkeit und guter Teamarbeit stehen bleiben.

→ Vorbereitung

- Machen Sie mit den Kindern einen Ausflug in den Wald oder zu einem Bach und Fluss, wo sich viele Steine finden lassen – oder auch urwüchsige Holzstücke.

→ So geht's

- Stellen Sie das Bauvorhaben vor: Hohe Türme sollen entstehen, am besten mit rundem oder quadratischem Grundriss. Zeigen Sie anhand weniger Steine die Technik des »Verbund-Mauerns«, bei dem die Steinschichten versetzt übereinandergelegt werden.
- Stecken Sie zunächst ein Gebiet ab, in dem Material gesammelt werden darf. Lassen Sie die Kinder mit Stoffbeuteln losziehen, um tragbare Mengen von geeigneten Steinen zu sammeln. Bringen Sie gemeinsam ein wenig Ordnung in Ihren »Bauhof«, indem Sie größere und kleine Steine ordnen lassen.
- Für einfache Turmbauten bietet es sich an, zunächst die größten, möglichst länglichen Steine wie Sonnenstrahlen im Kreis zu legen, um auf diese erste Reihe weitere Schichten »aufzumauern«. Wenn die Kinder nach oben hin immer kleinere Steine verwenden, bekommt der Turm eine lustige Zipfelform und bleibt recht stabil.

→ Abschluss

- Mitnehmen kann man die Turmstadt natürlich nicht – daher den Fotoapparat nicht vergessen! Lustig werden die Bilder, wenn Sie kleine Figuren hinzustellen und so den Türmen scheinbare Riesengröße geben.

Tipp

Poltern die fragilen Bauten zusammen, könnten Kinder sich durchaus daran prellen. Legen Sie eine maximale Größe fest, achten Sie auf festes Schuhwerk. Und lassen Sie sich von den Kindern im Sinne des Buches versichern, dass Streit mit Stein in der Hand tabu ist!

Streu statt Streit: Staudammbau

Ziele
- sinnliche Erfahrungen machen
- experimentieren mit Wasser

Alter
3 bis 6 Jahre

Gruppengröße
KG, GG

Dauer
30 Minuten

Materialien
- Bilderbuch »So war das! Nein so! Nein so!«
- 10 kg Katzenstreu (»Klumpstreu«)
- wasserfeste Tischdecke
- ggf. Deckel großer Box
- einige Holzstäbe
- Wasser in kleinen Kännchen/Bechern

Bei gemeinsamen Aktivitäten den Wert des friedlichen Miteinanders erfahren

Der Bau eines Staudamms fordert im Buch Zusammenarbeit: Schließlich gilt es nun, einem gemeinsamen Gegner, nämlich dem Wasser, standzuhalten. In dieser Aktion können Kinder ihre Lust am Staudammbau im Mini-Format ausleben – sogar bei Bedarf im Innenraum.

→ Vorbereitung

- Bereiten Sie einen »Spielplatz« für dieses leicht feuchte Vergnügen vor: Gut geeignet ist ein Tisch im Außenbereich, möglich ist aber auch ein mit Plastiktischdecke abgedeckter Tisch im Malatelier oder einer anderen Raumecke, wo es ein wenig feucht werden kann.

→ So geht's

- Führen Sie den Kindern die Haupteigenschaft der Katzenstreu – die nur aus getrocknetem Ton besteht – vor: Breitet man eine Handvoll Streu auf dem Tisch aus und gibt Wasser hinzu, verwandelt dieses die Streu in eine Art einfache Ton-Matsche – hochinteressant für Knet-Freunde! Wenn Sie den Kindern in kleinen Gruppen drei oder vier Handvoll Streu und Wasser bereitstellen, werden diese vermutlich von selbst beginnen, »Brunnen« herzustellen, in denen sich Wasser staut. Durch die besonderen Eigenschaften des Tons sickert dabei nichts hindurch. Erinnern Sie nun an das Buch und schlagen Sie vor, einen Stausee zu errichten. Wenn die Kinder in Gruppen am Tisch nebeneinanderarbeiten, liegt es nahe, deren Seen mit kleinen, durch weitere Streu gefassten Kanälen zu verbinden, die vielleicht durch als Wehr genutzte Holzstäbe voneinander abgetrennt werden könnten. So entsteht eine Seenlandschaft, bei der die Kleckergefahr aufgrund der saugenden Eigenschaften der Streu unerwartet gering ist.

→ Abschluss

- Und wohin mit der feuchten Pampe nach dem Spielen? Diese können Sie theoretisch eintrocknen lassen, um sie später wiederzuverwenden. Oder Sie bewahren Sie im feuchten Zustand in geschlossenen Behältern auf, um sie als Modelliermaterial zu verwenden, dass sich mithilfe von etwas Temperafarbe sogar knallbunt färben lässt.

Einsatz für Eichhörnchen!

Ziele
- → Ideen zur Konfliktlösung erproben
- → sich füreinander interessieren

Alter
4 bis 6 Jahre

Gruppengröße
GG

Dauer
30 Minuten

Materialien
- → 1 Foto von jedem Kind
- → Laminiergerät mit Folien
- → 1 Wäscheleine
- → Wäscheklammern
- → evtl. Blatt Papier für die Erarbeitung
- → evtl. für den »Puschelschwanz«:
  - → 1 Bogen Tonpapier (braun)
  - → etwas Wolle (braun)
  - → 1 Tacker
  - → Klebstoff zur Herstellung des »Puschelschwanzes«

Wege friedlicher Konfliktlösung erproben

Gut, dass im Buch das Eichhörnchen dazukommt! Damit im echten Kita-Leben Konflikte nicht eskalieren, hilft das »Amt« des Streitschlichters ungemein. Im Sinne der Geschichte kann diese in der Gruppe rotierende Rolle natürlich »Eichhörnchen« heißen!

→ Vorbereitung

- Bringen Sie, falls nicht ohnehin vorhanden, eine Magnet-Tafel im Gruppenraum an.

→ So setzen Sie's in Szene

- Überlegen Sie gemeinsam mit den Kindern beim Durchlesen der Geschichte, was hätte passieren können, wenn das Eichhörnchen nicht eingegriffen hätte. Lassen Sie zusammentragen, was es tut, um den Konflikt zu entschärfen. Wenn es gerade akute Konflikte unter den Kindern gab, ist es gut, jetzt darüber zu sprechen, ob dabei jemand wie das Eichhörnchen klärend eingegriffen hat.

- Stellen Sie die Idee vor, ein »Streitschlichter-Amt« einzuführen. Besprechen Sie, welche Mittel den Streitschlichtern – gut sind immer zwei Kinder – zur Verfügung stehen sollen, um bloßes Petzen oder körperlich unangemessenes Eingreifen zu vermeiden. Wichtig ist, dass die »Machtbefugnisse« des Schlichters aus der Mitte der Kinder vorgeschlagen, zumindest von diesen bewusst genehmigt werden, damit sie im Streitfall auch wirksam sind. Üben Sie im Rollenspiel ein, wie der erste Streitschlichter vorgehen kann.

- Machen Sie das neue System sichtbar, indem Sie auf einer Wäscheleine die jeweils amtierenden Streitschlichter aushängen. Dafür benötigen Sie ein Foto jedes Kindes, das sie laminieren und mit einer Wäscheklammer an der Leine befestigen.

- Hilfreich ist außerdem ein – unauffälliges – Symbol wie ein stilisierter Eichhörnchenschwanz. Dieses Accessoire sollten Sie mit den Kindern zusammen in zweifacher Ausfertigung herstellen, um es den jeweils amtierenden Streitschlichtern anzuheften.

→ Abschluss

- Lassen Sie das Amt unter allen Kindern der Gruppe wöchentlich rotieren. Bilden Sie Mädchen-Junge-Teams. Selbstverständlich sollten auch Kinder, die oft in Streits verwickelt sind, dieses Amt genau wie alle anderen wahrnehmen.

Statt Streiten könnten wir doch auch …

Ziele
- → Ideen zur friedlichen Konfliktlösung entwickeln
- → in die Rolle von Schauspielern schlüpfen

Alter
4 bis 6 Jahre

Gruppengröße
GG, KG

Dauer
20 Minuten Gespräch,
20 Minuten Aktion

Materialien
- → Bilderbuch »So war das! Nein, so! Nein, so!«
- → 1 Papierbogen DIN A1 oder A2
- → Digitalkamera
- → Drucker
- → diverse Filzstifte
- → 1 Klebestift

Wege friedlicher Konfliktlösung erproben

In einem hitzigen Konflikt – wie ihn die Tiere im Buch ausfechten – verlieren Kinder schnell den Blick dafür, welche Alternativen es zum Immer-weiter-Streiten geben könnte. Hier kann eine gemeinsame Sammlung an Ideen vorbeugend helfen, um bei beginnenden Streits zu sagen: »Wollen wir nicht lieber …?«

→ So geht's

- Betrachten Sie mit den Kindern das Buch und überlegen Sie gemeinsam: Am Ende bauen alle Tiere zusammen. Geklärt, wer Schuld hat, haben sie dabei eigentlich nicht. Es muss nicht bei jedem Streit ein Verursacher gefunden werden. Sammeln Sie im Gespräch mit den Kindern anhand der Geschichte und aktueller Streits in der Gruppe Ideen, was man anstelle von Weiterstreiten tun könnte. Das können Vorschläge wie das Auseinandergehen oder auch gemeinsame Aktivitäten sein, bei denen es auf alle Mitmacher ankommt. Sprechen Sie auch über Spiele, bei denen besonders viel Streit entsteht – etwa Fußballspiel, Raufspiele, Spiele mit zu wenig Spielzeug – und überlegen Sie, warum dabei besonders viel Streit entsteht und was man dagegen tun könnte.
- Stellen Sie gemeinsam mit den Kindern ein Poster mit der Überschrift: »Statt streiten könnten wir doch auch …« her und sammeln Sie Vorschläge. Lassen Sie diese nachstellen, um sie anschließend zu fotografieren. Kleben Sie die ausgedruckten Bilder auf das Plakat und beschriften Sie sie, damit Eltern und Kolleg/innen gegebenenfalls den jeweiligen Vorschlag erklären können.

→ Abschluss

- Sprechen Sie in den nächsten Tagen darüber, wer mit welchem Vorschlag gute Erfahrungen gemacht hat. Nehmen Sie neue Ideen auf das Poster auf.

Wege friedlicher Konfliktlösung erproben

Am Ende sind Fuchs, Bär, Eichhörnchen und Dachs gute Freunde. Um einmal geschworenen Zusammenhalt sichtbar zu machen und im Zweifelsfall auch daran zu erinnern, sind Rituale wichtig. Für Kindergruppen kann diese Aufgabe ein Kunstwerk aus Händeabdrücken in Gips übernehmen, das Kinder aufsuchen können, um ihre Freundschaft zu »erneuern«.

→ So geht's

- Bereiten Sie eine kreisrunde Platte aus weichem Ton, Knete oder Salzteig vor. Die Kinder hinterlassen dort nacheinander ihren Handabdruck.
- Diese Platte legen Sie nun in eine ungefähr passende runde Schüssel, die Sie vorsichtig mit Gips in einer mehrere Zentimeter breiten Schicht übergießen.
- Nach dessen Abbinden können Sie die Schüssel vorsichtig umdrehen, die Gipsplatte herausnehmen und das Knet-Material ablösen. Die Abformungen der Kinderhände sind nun schön zu sehen.

Hand drauf!

Ziele
- → ein ästhetisches Objekt gemeinsam herstellen
- → über Freundschaft nachdenken

Alter
3 bis 6 Jahre

Gruppengröße
KG, GG

Dauer
je nach Variante 20, 30, 60 Minuten

Materialien
- → etwa 2–3 kg Ton, Knete oder Salzteig
- → große, runde Schüssel
- → 2–3 kg Gips
- → Wasser

	Projekt / Angebot	Seite	Emotionen, soziales Lernen	Ästhetik, Musik und Kreativität	Sprache, Literacy und Medien	Bewegung, Körper und Gesundheit	Natur und Umwelt	Gesellschaft und Kultur
Wenn Lisa wütend ist	**Verschoben und verknotet: Lisas Stadt**	14	→ sich in die Geschichte einfühlen → neue Spiele entwickeln	●		●		●
	Was Wut kann: Wut-Geschichten erfinden	15	→ kreative Erzähl-Ideen entwickeln → zeichnerische Mittel erweitern	●	●			
	Manchmal hab ich Wut!	16	→ ein Lied lernen → sich zu Musik bewegen	●		●		
	Spaß mit klingenden Rohren	17	→ mit Akustik experimentieren → über heftige Gefühle nachdenken	●		●	●	
	Auferstanden aus Schnipseln	18	→ kreative Ideen entwickeln → Fingerfertigkeit beim Basteln entwickeln	●		●		
	Über-Wut tut selten gut – Tricks zum Runterkommen	19	→ eigene Verhaltensweisen reflektieren → Ideen für ein gutes Miteinander entwickeln		●			●
	Greif in die Wut-Box!	20	→ Spannungen abbauen → eigene Gefühlslagen verstehen und darauf Einfluss nehmen können			●		
	Fliegende Wünsche	21	→ feinmotorische Fähigkeiten trainieren → über eigene Wünsche und Bedürfnisse nachdenken	●	●	●		
Die Geschichte vom Elefanten …	**Erzähl-Theater**	24	→ eine Geschichte in eigenen Worten wiedergeben → Geschichten in Bilder übersetzen	●	●			●
	Wer hat die Wut?	25	→ achtsam miteinander umgehen → Ideenreichtum entwickeln					●
	Von einem zu anderen: Eine Reaktionskette bauen	26	→ mit Schwung und Schwerkraft experimentieren → über Ursache und Wirkung nachdenken			●	●	
	Vorsicht vor kleinen Wüterichen!	27	→ mimischen Ausdruck von Gefühlen erproben → Bilder kreativ weiterbearbeiten	●				
	Gefühls-Roulette	28	→ mimischen Ausdruck von Gefühlen erproben → aufmerksam für Unterschiede werden			●		●
	Eierloch sagt man … manchmal schon	29	→ sprachliche Fantasie entwickeln → kreative Ideen beim Gestalten entwickeln	●	●			●
	Wie find ich da bloß raus?	30	→ eine anspruchsvolle Logik-Aufgabe lösen → mit einfachen Mitteln gestalterisch tätig werden	●			●	
	Sprich mich nicht an!	31	→ ästhetisch ansprechendes Objekt gestalten → anderen Gefühle mitteilen	●				
Schreimutter	**Zwei Füße allein unterwegs**	34	→ Kreativität entwickeln → eine künstlerische Technik erproben	●	●			
	Ping-Pong-Pinguin	35	→ Kreativität entwickeln → Fingerfertigkeit beim Basteln entwickeln	●				
	Wut-TV: Kinderreporter berichten	36	→ Gespräche führen und Informationen einholen → Medienkompetenz erwerben		●			●
	Wenn die Großen die Kleinen wären….	37	→ sich in andere Menschen hineinversetzen → erlebte Konflikte im Spiel reflektieren					●

	Projekt / Angebot	Seite	Emotionen, soziales Lernen	Ästhetik, Musik und Kreativität	Sprache, Literacy und Medien	Bewegung, Körper und Gesundheit	Natur und Umwelt	Gesellschaft und Kultur
Schreimutter	**Die Gewitter-Massage**	**38**	→ eine Geschichte in eine Massage übersetzen → etwas tun, was einem anderen gut tut			●	●	
	Der Gut-statt-Wut-Korb	**39**	→ eigene Stärken zeigen können → nachdenken, wie das eigene Verhalten auf andere wirkt					●
	Der große Sorgen-Fresser	**40**	→ Gefühle für sich und andere benennen können → ein einfaches, benutzbares Objekt bauen	●				●
	Nicht schnuppe: Sternstunden	**41**	→ schwierige Situationen besprechen → Empathie für einander entwickeln		●			
Der große böse Bill	**Stampfen wie Bill**	**44**	→ über Körpersprache nachdenken → Spaß am Bewegen empfinden			●		
	Da hat doch wer geklaut?	**45**	→ Wahrnehmung trainieren → über Recht und Unrecht nachdenken			●		●
	Unter der bösen Maske	**46**	→ ein ästhetisches Objekt herstellen → über mimischen Ausdruck nachdenken	●				
	Witz, komm raus!	**47**	→ Texte szenisch umsetzen → über Humor nachdenken		●			●
	Erzähl mir was vom kleinen Bill!	**48**	→ Empathie für »schwierige« Mitmenschen entwickeln → Ursachen von Verhalten verstehen		●			●
	Riesenfiguren für kleine Helden	**49**	→ mit menschlichen Proportionen beschäftigen → ein Objekt nach Anleitung bauen	●		●	●	
	Völlig verknotet!	**50**	→ neue Bewegungsformen erproben			●	●	
	Gesucht: Rankommer-Tricks	**51**	→ Erfindungsreichtum beweisen → ein technisch anspruchsvolles Objekt bauen	●			●	
So war das! Nein, so! Nein, so!	**Kaputtmachen und kaputtlachen**	**54**	→ Lust am destruktiven Tun in ungefährlicher Weise erleben → mit Statik beschäftigen	●			●	
	Ich? Nein, du!	**55**	→ Kreisspiel erlernen → über die Bedeutung von Schuld nachdenken		●	●		●
	Bilder auf dem Boden	**56**	→ ein Druckverfahren kennenlernen → eine neue Zeichentechnik erproben	●			●	●
	Mein Turm, dein Turm, unser Turm!	**57**	→ mit Statik experimentieren	●			●	
	Streu statt Streit: Staudammbau	**58**	→ sinnliche Erfahrungen machen → experimentieren mit Wasser	●			●	
	Einsatz für Eichhörnchen!	**59**	→ Ideen zur Konfliktlösung erproben → füreinander interessieren		●			●
	Statt Streiten: Wir könnten wir doch auch …	**60**	→ Ideen zur friedlichen Konfliktlösung entwickeln → in die Rolle von Schauspielern schlüpfen		●	●		●
	Hand drauf!	**61**	→ ästhetisches Objekt gemeinsam herstellen → über Freundschaft nachdenken	●		●		●

Zum Weiterlesen

- Fink, Michael (2014): Freundschaft gestalten mit den Freunden. Weinheim: Beltz Nikolo.
- Huber, Barbara; Nicolai, Heidi; Sommerfeld, Verena (2010): Toben, raufen, Kräfte messen: Ideen, Konzepte und viele Spiele zum Umgang mit Aggressionen. Münster: Ökotopia.
- Juul, Jesper (2013): Aggression. Frankfurt: S. Fischer.
- Juul, Jesper; Høeg, Peter; Bertelsen, Jes; Hildebrandt, Steen (2014): Miteinander: Wie Empathie Kinder stark macht. Weinheim: Beltz.
- Rogge, Jan-Uwe (2007): Kinder dürfen aggressiv sein. Reinbek: Rowohlt.
- Stamer-Brandt, Petra; Puth, Klaus (2015): Wut-weg-Spiele: Für Kita, Hort und Schule. Freiburg: Herder.